Kohlhammer

Fördern lernen – Beratung
Herausgegeben von
Stephan Ellinger

Band 10

Oliver Hechler

Pädagogische Beratung

Theorie und Praxis eines Erziehungsmittels

Verlag W. Kohlhammer

Umschlagmotiv: © istockphoto.com/Steve Debenport
Gesamtherstellung:
W. Kohlhammer Druckerei GmbH + Co. KG, Stuttgart

ISBN 978-3-17-021099-8

Vorwort des Reihenherausgebers

Die Reihe *Fördern lernen* umfasst drei klare thematische Schwerpunkte. Es sollen erstens die wichtigsten *Förderkonzepte und Fördermaßnahmen* bei den am häufigsten vorkommenden Lern- und Verhaltensstörungen dargestellt werden. Zweitens gilt es, die wesentlichen Grundlagen pädagogischer Beratungsarbeit und die wichtigsten *Beratungskonzepte* zu diskutieren, und drittens sollen zentrale *Handlungsfelder pädagogischer Prävention* übersichtlich vermittelt werden. Dabei sind die Bücher dieser Reihe in erster Linie gut lesbar und unmittelbar in der Praxis einzusetzen.

Im *Schwerpunkt Intervention* informiert jeder einzelne Band (1–9) in seinem ersten Teil über den aktuellen Stand der Forschung und entfaltet theoriegeleitet Überlegungen zu Interventionen und Präventionen. Im zweiten Teil eines Bandes werden dann konkrete Maßnahmen und erprobte Förderprogramme vorgestellt und diskutiert. Grundlage für diese Empfehlungen sollen zum einen belastbare empirische Ergebnisse und zum anderen praktische Handlungsanweisungen für konkrete Bezüge (z. B. Unterricht, Freizeitbetreuung, Förderkurse) sein. Schwerpunkt des zweiten Teils sind also die Umsetzungsformen und Umsetzungsmöglichkeiten im jeweiligen pädagogischen Handlungsfeld.

Die Bände im *Schwerpunkt Beratung* (10–15) beinhalten im ersten Teil eine Darstellung des Beratungskonzeptes in klaren Begrifflichkeiten hinsichtlich der Grundannahmen und der zugrundeliegenden Vorstellungen vom Wesen eines Problems, den Fähigkeiten des Menschen usw. Im zweiten Teil werden die Methoden des Beratungsansatzes anhand eines oder mehrerer fiktiver Beratungsanlässe dargestellt und erläutert, so dass Lehrkräfte und außerschulisch arbeitende Pädagogen konkrete Umsetzungen vornehmen können.

Die Einzelbände im *Schwerpunkt Prävention* (16–20) wenden sich *allgemeinen Förderkonzepten und Präventionsmaßnahmen* zu und erläutern praktische Handlungshilfen, um Lernstörungen, Verhaltensstörungen und prekäre Lebenslagen vorbeugend zu verhindern.

Die Zielgruppe der Reihe *Fördern lernen* bilden in erster Linie Lehrkräfte und außerschulisch arbeitende Pädagogen, die sich entweder auf die Arbeit mit betroffenen Kindern vorbereiten oder aber schnell und umfassend gezielte Informationen zur effektiven Förderung oder Beratung von Betroffenen suchen. Die Buchreihe eignet sich auch für die pädagogische Ausbildung und als Zugang für Eltern, die sich nicht auf populärwissenschaftliches Halbwissen verlassen wollen.

Die Autorinnen und Autoren wünschen allen Leserinnen und Lesern ganz praktische *Aha*-Erlebnisse!

Stephan Ellinger

Einzelwerke in der Reihe *Fördern lernen*

Intervention
Band 1: Förderung bei sozialer Benachteiligung
Band 2: Förderung bei Lese-Rechtschreibschwäche
Band 3: Förderung bei Rechenschwäche
Band 4: Förderung bei Gewalt und Aggressivität
Band 5: Förderung bei Ängstlichkeit und Angststörungen
Band 6: Förderung bei ADS/ADHS
Band 7: Förderung bei Sucht und Abhängigkeiten
Band 8: Förderung bei kulturellen Differenzen
Band 9: Förderung bei Hochbegabung
Beratung
Band 10: Pädagogische Beratung
Band 11: Lösungsorientierte Beratung
Band 12: Kontradiktische Beratung
Band 13: Kooperative Beratung
Band 14: Systemische Beratung
Band 15: Klientenzentrierte Beratung
Prävention
Band 16: Berufliche Eingliederung
Band 17: Förderung der Motivation bei Lernstörungen
Band 18: Schulische Prävention im Bereich Lernen
Band 19: Schulische Prävention im Bereich Verhalten
Band 20: Resilienz

Inhalt

1

Einleitung

Kulturgeschichtlich betrachtet ist anzunehmen, dass Formen der Beratung wahrscheinlich schon so lange existieren, wie es Menschen gibt. Es ist der anthropologische Tatbestand, dass sich menschliche Lebenspraxis durch permanente Ungewissheit auszeichnet, der Beratung gewissermaßen zu einem gattungsspezifischen Phänomen macht. Zwar ist aus der Primatenforschung (vgl. Melis et al., 2006; Tomasello, 2002, 2009) bekannt, dass sich Schimpansen zum Beispiel kooperativ aufeinander einstellen, wenn sie erkennen, dass nur die kooperative Zusammenarbeit im Sinne einer Teamleistung, die der einzelnen Schimpanse so nicht zu Wege gebracht hätte, mit Hinblick auf das Erreichen eines begehrten Gegenstands Erfolg versprechend ist. Ob diesem kooperativen Handeln Entscheidungen – also Teamversuch versus Individualversuch – voraus gelaufen sind, bei denen Beratungsprozesse eine Rolle gespielt haben, kann nicht eingeschätzt werden. Für den Menschen gilt allerdings, dass die Beratung als Kulturleistung angesehen werden muss, die die Konsequenzen aus dem Zusammenspiel von Selbstbewusstsein einerseits und mangelnder Instinktausstattung andererseits zu kompensieren versucht. Denn die unhintergehbare Tatsache des stetigen Voranschreitens der (Lebens-)Praxis ohne vorherige allumfassende Absicherung im Sinne eines theoretisch-technischen Entwurfs konfrontiert den Menschen mit der Erkenntnis, dass das Leben wohl nur vorwärts gelebt und rückwärts verstanden werden kann (Adl-Amini, 1992) oder pädagogisch gesprochen: Dass die Praxis immer älter ist als die Theorie (Schleiermacher, 1826). Das heißt, Beratung wird immer dann notwendig, wenn sich die ausgebildeten Routinen als Antwort auf die lebenspraktische Ungewissheit mit Hinblick auf die selbsttätige Führung des eigenen Lebens als nur noch eingeschränkt tragfähig erweisen. Insbesondere in Situationen oder mit Bezug auf Sachverhalte, in denen signifikant-existentielle Entscheidungen in eine prinzipiell offene Zukunft hinein getroffen werden müssen, und man von diesen Entscheidungen erst im Nachhinein sagen kann, ob sie erfolgreich und zielführend waren, wird Beratung als Entscheidungs- und Orientierungshilfe in Anspruch genommen.

Die Ausdrucksgestalten von Beratung als einer notwendig hervorzubringenden Kulturleistung verweisen auch immer auf den vorherrschenden Entwicklungsstand und auf die gesellschaftlichen Lebensumstände der Menschen. So kann die Formengeschichte der Beratung als außerordentlich entwicklungsfähig und differenziert betrachtet und in gewisser Weise als Evolution der Beratung gelesen werden.

Es kann aufgrund der gattungsgeschichtlichen Entwicklung des Menschen angenommen werden, dass bereits eine erste, wenig formalisierte Form der Beratung, das „Sich-beraten-mit-Anderen“, wahrscheinlich schon im Paläolithikum (Altsteinzeit) vor ca. 2,5 Millionen Jahren praktiziert wurde. Notwendig war diese Form der Beratung, weil das Leben der ersten (Vor-)Menschen als Jäger und Sammler geprägt war durch ständige Entscheidungen, von denen das Überleben der Gruppe abhing. Wahrscheinlich ist auch die etymologische Herkunft des Wortes „Rat“ auf seine Bedeutung in frühen Phasen der menschlichen Entwicklung zurückzuführen. Denn der Begriff „Rat“ wurde ursprünglich im Sinne von „Mittel, die zum Lebensunterhalt notwendig sind“, verwendet bzw. bezeichnete die „Besorgung der notwendigen Mittel“ (vgl. Kluge, 1999; Pfeifer, 2005). Das heißt, „Rat“ und dann auch „Beratung“ verweisen immer auch auf eine existenzielle Ernstsituation: Ohne Rat kein Überleben!

Doch das mehr oder weniger formlose und auf gruppale Entscheidungsfindung abzielende „Sich-mit-anderen-zu-Beraten“ erfuhr dann im Laufe der menschheitsgeschichtlichen Entwicklung hin zur Sesshaftigkeit im Meso- und Neolithikum (Mittel- und Jungsteinzeit) vor ca. 8000 v. Chr. eine bedeutende Veränderung. Denn Sesshaftigkeit, die durch die sich entwickelnde Fähigkeit, Ackerbau und Viehzucht zu betreiben, ermöglicht wurde, führte zu einer Erweiterung der menschlichen Gruppe hin zu ersten Siedlungen und dörflichen Gemeinschaften. Diese sich neu entwickelnde Form menschlichen Zusammenlebens machte auch andere Formen der Entscheidungsfindung notwendig. Nun ging es nicht mehr nur um Entscheidungen, die die Außenwelt betrafen, sondern in großem Maße auch um Entscheidungen, die sich auf die Regeln des Zusammenlebens in der Gemeinschaft bezogen. Nicht mehr nur Fragen im Kontext von Ackerbau und Viehzucht, sondern auch Fragen nach den Funktionen und Regeln der menschlichen Gemeinschaft mussten erörtert werden. Vor diesem Hintergrund entstand die Form des „Rat-haltens“. Der Rat war nun schon deutlich strukturierter, hierarchischer und formalisierter als das bloße „Sich-mit-anderen-zu-Beraten“, und der aus dem „Rat-halten“ erfolgte Ratschluss hatte verbindlichen Charakter für die Gemeinschaft.

Im Rahmen des Ausbaus der Siedlungen zu Dörfern und Städten differenzierte sich auch entsprechend das Beratungswesen aus. So wurden neben dem (Ältesten-)Rat, dessen Entscheidungen zumeist verbindlich waren, gleichermaßen auch als weise angesehene Personen der Gemeinschaft, die Götter oder aber auch Orakel um Rat gefragt. Der Ratsuchende stand aber in diesen Zusammenhängen stets vor der Aufgabe, den Rat, der nicht selten mehrdeutig war, auf seine Fragestellung zu beziehen.

In den Hochkulturen ab 3000 v. Chr. finden sich dann Mischformen der Beratung. Mit Hinblick auf anstehende, die Gemeinschaft betreffenden Entscheidungen wurden nicht selten die Hohenpriester, die auch zumeist die oberste politische Autorität verkörperten, um Rat gefragt. Um den Prozess der Entscheidungsfindung zu befördern, wurden auch des Öfteren Opfer-Rituale durchgeführt, um von den Göttern zu erfahren, welche Entscheidung getroffen werden sollte, oder die Götter für eine bereits getroffene Entscheidung milde zu stimmen. Im Bereich des privaten Lebens waren sowohl das „Sich-mit-anderen-zu-Beraten“

als auch das „Rat-halten" weiterhin die maßgeblichen Formen der Beratung, um Orientierung herzustellen.

Erst aber die Entstehung von Stadtstaaten im antiken Griechenland und die damit verbundene Bestimmung des Menschen als Zoon Politikon (Aristoteles, 2003) beförderten ausdrücklich den Ratsgedanken und brachten Beratung, zunächst als die Gattung der Beratungsrede im Rahmen der Rhetorik (Aristoteles, 1999), erstmals in eine theoretische und didaktische Form.

In diesen geschichtlichen Zusammenhängen findet sich auch zum ersten Mal Beratung als Thema der Erziehung und Bildung formuliert. Mit dem Begriff der „Wohlberatenheit" fasst Protagoras in Platons gleichnamigem Dialog (Platon, 2007) die Fähigkeit von Menschen, ihre Angelegenheiten „zum Besten" zu regeln. Damit dies gelingen kann, bedarf es eines allgemeinen Wissens, das durch Erziehung erworben wird und das als Bildung begriffen werden kann. Wie Sokrates in Platons Politeia (Platon, 2006) weiter ausführt, ermöglicht Bildung in Form der Wohlberatenheit die Fähigkeit, in konkreten Handlungs- und Entscheidungssituationen die spezifische Fragestellung mit dem allgemeinen Wissen (Allgemeinbildung) in der Weise zu vermitteln, dass im jeweiligen Einzelfall eine „gute" und „richtige" Wahl getroffen werden kann. In seiner Nikomachischen Ethik bezieht Aristoteles (2006) im Anschluss an Platon die Wohlberatenheit nicht nur auf eine spezifische Kompetenz, die durch Erziehung erworben wird, sondern stellt sie in den Horizont der mit der Klugheit verwandten Vernunfttugenden.

Wohl beraten zu sein, die Fähigkeit, sich mit sich selbst und mit Anderen zu beraten, um in Entscheidungssituationen eine „kluge", „richtige" und „gute" Wahl treffen zu können, ist also in der griechisch-römischen Antike auf das Engste mit Erziehung und Bildung verbunden. Erst ein gebildeter Zustand, der sich durch spezifisches Wissen, Können und Haltungen auszeichnet, ermöglicht es dem Menschen, mit sich und mit Anderen Rat zu halten.

Im Anschluss an die griechisch-römische Antike artikuliert sich Beratung allerdings nicht so sehr als ein Gegenstand der Erziehung, sondern findet sich nicht selten thematisiert in Fragen der Lebenskunst und häufig ganz konkret in Form von Ratgeberliteratur zur ars vivendi und ars moriendi (Epiktet, 2004, Barth, 1996; Aries, 2005). Doch obwohl Beratung, wie dies deutlich in der antiken Bildungsphilosophie und Erziehungspraxis formuliert wird, im Grunde als ein (Erziehungs-) Mittel im Rahmen der Selbsterziehung zur („guten") Führung des eigenen Lebens aufgefasst werden kann, fand der theoretische und praktische Diskurs im Anschluss an die Antike überwiegend in Philosophie und Theologie statt.

Im Mittelalter, insbesondere im Hohen Mittelalter ab 911 n. Chr. und im darauf folgenden Spätmittelalter ab dem 14./15. Jh. n. Chr., wurde die Philosophie von der Theologie mit Hinblick auf die Deutungshoheit menschlicher Lebenspraxis fast völlig abgelöst. Die Lebensprobleme der Menschen wurden ohne Alternative durch die theologische Deutungsmacht in geistliche Probleme transformiert, denen man dann mit entsprechenden Heilsmitteln begegnen konnte. Und selbst die politische Beratung an mittel- und spätmittelalterlichen Königs- und Kaiserhöfen, bei denen es nicht selten um die Geschicke ganzer Staaten ging, war klerikal determiniert (Casagrande et al., 2004).

Die Vorherrschaft der Theologie in Ratsfragen überdauerte fast ungebrochen den Humanismus, die Renaissance und den Barock. Erst durch die Aufklärung um 1700 n. Chr. wurde die theologische Dominanz durch das Aufkommen des Zeitalters der Vernunft und den damit verbundenen wissenschaftlichen Erkenntnissen und technischen Entwicklungen abgelöst. In diesem Zusammenhang – und später deutlich beschleunigt durch die industrielle Revolution im ausgehenden 18. Jahrhundert – bildeten sich die heute als „klassisch" bezeichneten Professionen heraus. Rat und Beratung war dann überwiegend an die professionelle Praxis des Arztes, Pfarrers, Anwaltes und Erziehers/Lehrers oder an die Funktion anderer gelehrter Personen gebunden. Beispielhaft seien hier die Essays von Francis Bacon aus dem Jahre 1597, in denen sich auch ein Versuch „Über das Beraten" (Bacon, 2005, S. 68) findet, und die Gedanken über Erziehung von John Locke (2007) aus dem Jahre 1693 zu nennen. Können diese Werke für sich beanspruchen, *auch* Erziehung und Beratung zu thematisieren, so kommt den „Grundsätzen der Erziehung und des Unterrichts für Eltern, Hauslehrer und Erzieher" von August Hermann Niemeyer (1970) aus dem Jahre 1796 aus pädagogischer Sicht besondere Bedeutung zu, da mit dieser Veröffentlichung der erste pädagogische Erziehungsberater der Aufklärung vorliegt.

Doch durch die folgenden massiven gesellschaftlichen Beschleunigungsprozesse – beginnend im 19. Jahrhundert mit dem Aufkommen der Moderne und der daran anschließenden Postmoderne –, entstand zum einen ein immenser individueller Orientierungsbedarf, der sich in der bis heute stetig steigenden Nachfrage nach Beratung, und das in nahezu fast allen Lebensbereichen, Ausdruck verschafft. Die Sozialwissenschaften sprechen mit Bezug auf den westeuropäischen Kulturkreis sogar von einer beratenen Gesellschaft (Schützeichel u. Brüsemeister, 2004), die auf die zunehmende Orientierungslosigkeit des flexiblen Menschen (Sennett, 1998) antwortet. Korrespondierend – und wahrscheinlich auch nicht zuletzt aus marktwirtschaftlichen und machtpolitischen Interessen – lösten sich zum anderen Rat und Beratung von den Professionen und nahmen als ein allgemeines Thema, das bis heute nicht mehr exakt disziplinär oder professionell bestimmt werden kann, und als konkretes Unterstützungsanbot eine inflationäre Entwicklung.

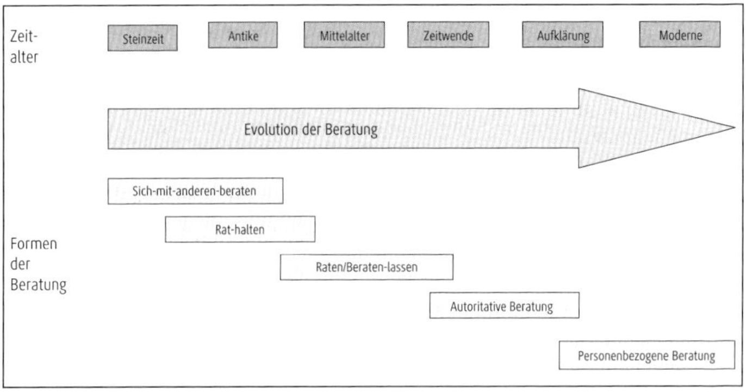

Abb. 1: Evolution der Beratung

Dass die Pädagogik seit der Antike zur Theorie und Praxis der Beratung scheinbar so gut wie nichts mehr beizutragen hatte, mag einerseits mit der bis in das 18. Jahrhundert reichenden Bindung der Pädagogik an Philosophie und Theologie zusammenhängen. Pädagogik erschien in diesen Zusammenhängen als nicht mehr als angewandte Philosophie oder Theologie. Andererseits trug aber auch die Pädagogik selbst einiges dazu bei, dass Beratung nicht mit Erziehung zusammengebracht werden konnte. Denn im nach-antiken Verständnis der pädagogischen Theorie und erzieherischen Praxis ging es überwiegend um die Vermittlung von vorgegebenem Wissen und Können und nicht um Entscheidungshilfe. Selbst in einem, im Jahr 1944 von Schweizer Pädagogen herausgegebenen, sehr lohnens- und auch heute noch lesenswerten Buch über Erziehungsmittel (Spiel, 1944), finden sich Vorbehalte gegenüber dem Begriff Beratung, und die Herausgeber ziehen es vor, von Anfrage und Rat zu sprechen.

Erst in den 1960er Jahren hat Mollenhauer (1965) den bis dahin geradezu „unpädagogischen“ Begriff Beratung pädagogisch wieder anschlussfähig gemacht, indem er auf die Bildungschancen von Beratung verweist, deren Möglichkeiten prinzipiell allen pädagogischen Praxisfelder eingeschrieben sind und die potentiell zu einem fruchtbaren Moment im Erziehungsprozess werden können.

1.1 Beratung in pädagogischen Handlungsfeldern

Seit Mollenhauers wegweisender Abhandlung über das pädagogische Phänomen Beratung besteht im einschlägigen Fachdiskurs Übereinstimmung, dass Beratung eine Handlungsoption pädagogischer Berufstätigkeit abgibt. Und seit dem hat sich Beratung in horizontaler Perspektive – ob nun im Bereich der Sozialpädagogik (Belardi, 2007), der Erwachsenenbildung/Weiterbildung (Schwarzer u. Buchwald, 2009), der Sonderpädagogik (Diouani-Streek u. Ellinger, 2007) oder der Schulpädagogik (Schnebel, 2007) – mit Hinblick auf Adressaten, Organisationsformen und Methoden enorm ausdifferenziert, so dass in Anlehnung an Mollenhauer (1965) heute schon fast von einer sich abzeichnenden Entgrenzung des beraterischen Moments im Erziehungsprozess gesprochen werden kann. So ist mit Hinblick auf die Disziplin zu lesen, Pädagogik sei, zumindest aus systemisch-konstruktivistischer Sicht, im Grunde eine Beratungswissenschaft (Huschke-Rhein, 1998). Und auch in den professionell-pädagogischen Handlungsfeldern wird Beratung nicht selten als der „Goldstandard“ erzieherischen Handelns begriffen, in dem Sinne: Erst in der Beratung bin ich ganz Erzieher/Pädagoge! Mit dem Ergebnis, dass pädagogisches Handeln auf eine sich selbst missverstehende und wenig effiziente Gesprächspädagogik (Krumenacker, 2004) eng geführt wird

Adressaten

In pädagogischen Zusammenhängen wendet sich Beratung zunächst als *personenbezogene Beratung* an alle Lebensalter, das heißt an Kinder, Jugendliche und Erwachsene sowie an unterschiedliche personelle Konstellationen. Ob nun Einzelpersonen, (Eltern-)Paare, Familien und Gruppen – Thema der personenbezogenen Beratung sind immer mehr oder weniger individuelle Entscheidungskrisen und Einschränkungen der Handlungsautonomie, die nicht selten auch die zwischenmenschlichen Beziehungen der Ratsuchenden betreffen.

Darüber hinaus hat sich in pädagogischen Handlungsfeldern Supervision (Belardi, 1994, 2002), Intervision (Hendriksen, Rudert u. Koch, 2000) und kollegiale Beratung (Schlee, 2008) als *berufsbezogene Beratung* für Professionelle fest etabliert. Gegenstand berufbezogener Beratung sind die Paradoxien und Antinomien professionell-pädagogischen Handelns, das Fallverstehen allgemein und die Reflexion des Arbeitsbündnisses im Besonderen sowie die Kooperationsbeziehungen der Professionellen untereinander.

Schließlich können im Rahmen von pädagogischer Organisationsberatung (Hechler, 2007) und pädagogischer Organisationsforschung (Göhlich, Hopf u. Sausele, 2005) ganze Organisationen Adressaten pädagogischer Beratung werden. *Organisationsbezogene Beratung* thematisiert überwiegend zum einen das Verhältnis von Profession und Organisation und richtet ihren Fokus auf die Ermöglichung bzw. Verunmöglichung professionellen Handelns in organisationalen Zusammenhängen. Zum anderen ist die jeweilige Organisation als „lernende Organisation" (Argyris u. Schön, 1999) mit all den damit zusammenhängenden Implikationen Gegenstand der beraterischen Bemühungen.

Organisationsformen

Im Gegensatz zu einer psychotherapeutischen Behandlung, die üblicherweise in den privaten Praxisräumen eines niedergelassenen Psychotherapeuten stattfindet, hat Beratung, sieht man von berufsbezogener und organisationsbezogener Beratung ab, überwiegend ihren Ort in Institutionen. So kann der weite Bereich psychosozialer Beratung als institutionelle Beratung begriffen werden. Die systematische Institutionalisierung von Beratung in Westdeutschland nahm ihren Anfang nach 1945, als die Alliierten die Einrichtung von Erziehungsberatungsstellen nach dem angloamerikanischen Modell der Child-Guidance-Clinics initiierten (Hundsalz, 1995). Zwar kann die Erziehungsberatung als Prototyp institutioneller Beratung aufgefasst werden, doch haben sich im Laufe der Zeit weitere spezielle Beratungsangebote entwickelt, die zumeist auf einer Rechtsgrundlage basieren und institutionell organisiert sind. Zu nennen sind hier neben der Erziehungsberatung die Ehe-, Familien- und Lebensberatung, die Sexualberatung, die Jugendberatung, die Drogen- oder Suchtberatung, die Berufs- und Studienberatung, die Schuldnerberatung, die Schwangerschaftskonfliktberatung und einige mehr.

Als übergreifende charakteristische Merkmale institutioneller Beratung werden Niederschwelligkeit im Zugang, Freiwilligkeit und in vielen Bereichen auch Kostenfreiheit genannt (Hundsalz, 1995). Hierzu ist zu sagen, dass die Institutionalisierung von Beratung diese Merkmale weitestgehend absichert, doch ist gleichermaßen darauf hinzuweisen, dass oftmals auch dann weiterhin von Beratung gesprochen wird, wenn diese ein Element im Rahmen übergeordneter Hilfe- und Klärungsprozesse darstellt. Insbesondere im weiten Bereich der Kinder-, Jugend- und Familienhilfe und ganz besonders im Rahmen schulischer Erziehungshilfe wird Beratung besondere Bedeutung zugesprochen, obwohl oder gerade weil diese skizzierten Zusammenhänge häufig Momente der Unfreiwilligkeit aufweisen und nicht selten auch als Zwangskontexte bezeichnet werden können. Dieser so genannte Zwangscharakter, der den Merkmalen institutioneller Beratung eigentlich entgegen läuft, kommt auch dann zur Geltung, wenn Beratung in familiengerichtliche Verfahren, in den Bezugsregelungen beim Bezug von ALG II, im Bereich Kinder- und Jugendschutz und mit Bezug auf Schwangerschaftsabbrüche thematisch wird oder zur Anwendung kommt.

Konzepte

Was die methodische und konzeptuelle Ausgestaltung der unterschiedlichen Beratungsangebote anbelangt, so kann aus aktueller Perspektive von einem eklektizistischen Pragmatismus ausgegangen werden (Hechler, 2010). Betrachtet man vor dem Hintergrund einer wachsenden und zunehmend unübersichtlich werdenden Anzahl von Beratungskonzepten und -methoden die in der pädagogischen Theorie und Praxis diskutierten Beratungsansätze (Diouani-Streek u. Ellinger, 2007), dann lassen sich im Grunde zwei prominente konzeptuelle Grundorientierungen identifizieren. Zu nennen sind hier erstens der klientenzentrierte Ansatz (Rogers, 1983) und zweitens der systemische Ansatz (Schlippe u. Schweitzer, 2003).

Die *klientenzentrierte Sichtweise*, die zunächst als nicht-direktiver Ansatz konzeptualisiert wurde und aktuell, sieht man vom begrenzten psychotherapeutischen Sektor ab, unter dem Begriff „Person(en)zentriert" firmiert, geht auf Carl R. Rogers zurück. Zentrale Annahme ist, dass die psychotherapeutische bzw. die beraterische Beziehung – Rogers unterscheidet nicht zwischen Psychotherapie und Beratung (Rogers, 1985) – *das* Medium der eigentlichen Veränderung ist. Die Realisierung der Beratervariablen Wertschätzung, Empathie und Kongruenz und die Verbalisierung Emotionalen Erlebensinhaltes (VEE) als psychotherapeutisch-beraterische Interventionsform seien hinreichend für einen psychotherapeutisch-beraterischen Prozess. Als einflussreichster Vertreter und Mitbegründer der Humanistischen Psychologie (Quintmann, 1995), die als „dritte Säule" neben der Psychoanalyse und der Verhaltenstherapie gilt, vertritt Rogers ein Konzept der „Heilung durch Beziehung".

Die *systemische Sichtweise* hingegen lässt sich nicht auf eine Gründerpersönlichkeit zurückführen und ist alles andere als einheitlich zu nennen (Baecker, 2005). Das, was heute fast trivial klingt, nämlich die Annahme, dass menschliches Erleben und Verhalten stets durch den Kontext, in dem sich das betreffende Individuum befindet, (mit-)bestimmt wird, war in den 1970er Jahren in der Psychotherapie eine Revolution. Heute scheint kein psychotherapeutischer und beraterischer Ansatz zu existieren, der kein, wie auch immer genanntes, systemisches Wissen berücksichtigt. Die Wurzeln der systemischen Sichtweise sind in der Biologie (Bertalanffy, 1968), hier insbesondere die Zell- und Molekularbiologie, und in der an die Physik angelehnte Kybernetik (Wiener, 1952), als Lehre von der Kunst des Steuerns und Regelns von Systemen, zu finden. Erst in den 1960er/1970er Jahren wurden die systemtheoretischen Annahmen auch auf menschliche Systeme übertragen (Luhmann, 2008) und erleben seit dem eine enorme Ausdifferenzierung und Verbreitung, insbesondere in den Bereichen Medizin, Psychologie, Pädagogik und Sozialarbeit. Zentrale Begrifflichkeiten der Systemtheorie sind Rückkopplungsschleife, Autopoiesis, Zirkularität, Kontingenzreduktion, doppelte Kontingenz, Kodierung, Information, Selbstorganisation, Homöostase, Systemgrenzen, Systemregeln, Systemfehler und Systemanalyse. Vor dem Hintergrund der Systemtheorie wurden im Bereich der Psychotherapie und Beratung eine Vielzahl von Diagnose- und Interventionsmethoden entwickelt (Schlippe u. Schweitzer, 2003).

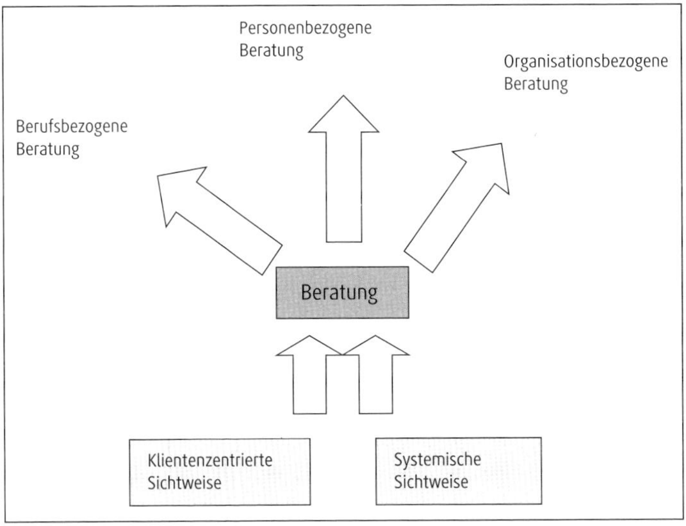

Abb. 2: Adressaten und Konzepte von Beratung

Die faktische Dominanz dieser Grundorientierungen fordert zum Nachdenken auf und provoziert geradezu einige Anmerkungen:

- Obwohl psychoanalytisches Denken die Entwicklung von Beratung maßgeblich mit beeinflusst hat, kann man bis heute, mit einigen Ausnahmen (Argelander, 1985; Figdor, 1999), nicht von einem eigenständigen psychoanalytischen Beratungsansatz sprechen. Psychodynamisches Denken scheint in anderen Beratungsansätzen mit aufgenommen zu sein.

- Obwohl die kognitiv-behaviorale Grundorientierung in der Psychotherapie fest verankert ist, findet sich, ebenfalls mit einigen Ausnahmen (Fiedler, 1996; Winiarski, 2004; Borg-Laufs, 2004), kein eigenständig formulierter kognitiv-behavioraler Beratungsansatz. Und auch hier werden Elemente der kognitiv-verhaltenstherapeutischen Grundorientierung unter der Hand in andere Beratungsansätze übernommen.
- Der klientenzentrierte Ansatz mit seinem humanistischen Menschenbild scheint die Basis für den überwiegenden Teil der Beratungstheorie und der Beratungspraxis abzugeben. Die Identifikation der Beratervariablen Empathie, Kongruenz und Wertschätzung machen diesen Ansatz so attraktiv, da er offen und anschlussfähig für die Integration weiterer Beratungsansätze und -methoden erscheint.
- Auf gleicher Ebene bewegt sich der systemische Ansatz, der zum einen bislang eine große Ausdifferenzierung erfahren hat und der Ausgangspunkt für die Weiterentwicklung unter anderem zur lösungsorientierten Beratung (Bamberger, 2007) und zur ressourcenorientierten Beratung (Bürgi u. Eberhart, 2004) wurde und der zum anderen ebenfalls eine konzeptuelle Offenheit aufweist, die die pragmatische Integration von Elementen der Psychoanalyse, der Verhaltenstherapie und der Klientenzentrierten Psychotherapie scheinbar problemlos ermöglicht.
- Blickt man mit diesem Fokus auf aktuelle Beratungskonzepte (Diouani-Streek u. Ellinger, 2007), dann kommt man nicht umhin, diese Ansätze im Grunde als eine pragmatische Integration von klientenzentrierter Grundhaltung, einem wie auch immer konzeptualisierten (psycho-)dynamischen Verstehen und systemischen Interventionen, die neben der Ressourcen- und Lösungsorientierung nicht selten auch psychoedukativen Charakter haben, zu betrachten.

1.2 Zum Verhältnis von Pädagogik und Beratung

Will man also den aktuellen disziplinären und professionellen Stand zur Beratung zusammenfassen, hat man es mit einem Paradoxon zu tun.

Auf der einen Seite finden sich in historisch-vertikaler Perspektive Belege für die existentielle Bedeutung, die Beratung für die Menschen hat und weiterhin haben wird. In horizontaler Hinsicht lässt sich zum einen eine enorme konzeptuelle Ausdifferenzierung und zum anderen eine fast grenzenlose Ausweitung der Anwendungsfelder von Beratung feststellen.

Auf der anderen Seite aber scheint die einfache Frage danach, was eigentlich pädagogische Beratung ist oder sein könnte, nicht so ohne weiteres beantwortbar zu sein. Selbst Publikationen, die sich ausdrücklich der *Pädagogischen Beratung* (Krause u.a., 2003; Gröning, 2006) zuwenden, scheinen – mit Ausnahme der konsequent erziehungstheoretischen Arbeiten von Volker Kraft (1993, 2008, 2009a, 2009b) – Schwierigkeiten damit zu haben, zu bestimmen, was genau pädagogische Beratung ausmacht. Die zentrale Frage also, wann Beratung zu pädagogischer Beratung wird, ist trotz oder gerade wegen der inflationären Entwicklung der Beratungskonzepte weiterhin unbeantwortet.

Diese offene Frage führt allerdings nicht, wie man meinen könnte, zu verstärkter theoriebildender Grundlagenforschung, die empirisch-hypothesenprüfende und empirisch-rekonstruktive Forschung zum Gegenstand mit einschließt. Vielmehr werden – ganz der Logik des pragmatisch Einfachen folgend – zwei mehr oder weniger umgangssprachlich und alltagspraktisch begründete Ansätze ins Feld geführt, um die trennscharf-analytische Durchdringung pädagogischer Beratung zu Wege zu bringen.

Im ersten Ansatz wird Beratung durch die Anwendung in einem pädagogischen Feld zu pädagogischer Beratung. Das heißt, Beratungskonzepte, die, wie gezeigt wurde, überwiegend aus psychotherapeutischen Ansätzen entwickelt wurden, werden in einem pädagogischen Zusammenhang, sei es Schule, Kinder-, Jugend- und Familienhilfe, Erwachsenenbildung oder Behindertenhilfe, zur Anwendung gebracht.

Der zweite Ansatz hingegen spricht dann von pädagogischer Beratung, wenn sie von einem Pädagogen durchgeführt wird. Es wird darauf vertraut, dass der ausgebildete Pädagoge aufgrund seines breit gefächerten Kompetenzprofils schon in der Lage ist, hilfreiche Gespräche zu führen. Die Praxis des „Do-it-yourself-Modell" (Prange, 1991, S. 101) spricht auch dafür, dass beratungsspezifische Routinen ausgebildet werden können, nur bleiben diese zumeist unreflektiert, personalisiert, nicht konzeptualisiert und damit einem Fachdiskurs unzugänglich.

Von einer pädagogisch begründeten und darauf aufbauenden Konzeptualisierung von Beratung kann bei beiden Ansätzen allerdings nicht die Rede sein, und vielleicht werden diese Begründungsversuche angesichts der Fülle von Beratungskonzepten auch als überflüssig erachtet. Doch ist es aber genau diese Begründung, die es dem Pädagogen überhaupt erst ermöglicht, *pädagogisch* zu beraten. Erst durch die disziplinäre Bestimmung wird Beratung zu einer komplexen Form pädagogischen Handelns, und der Pädagoge kann in seiner Beratungspraxis Pädagoge bleiben.

In allen anderen Fällen, in denen also die pädagogische Begründung nicht zu Wege gebracht werden kann, wird die Beratungsmethode zum Konzept bzw. zum Orientierungsrahmen beraterischen Handelns erhoben. Und dies hat kategorienfehlerhafte Folgen, denn so ersetzt die „Philosophie" des Beratungsansatzes pädagogisches Sehen, Denken und Handeln, und der Pädagoge wird unter der Hand zum Berater, dem dann die weiteren Formen und Möglichkeiten pädagogischen Handelns verschlossen bleiben.

Es ist dann genau dieser Kategorienfehler, der zum einen zu der beschriebenen Entgrenzung des beraterischen Moments in der Erziehung führt. Und der zum anderen die Entwicklung eines genuin pädagogischen Modells beraterischer Praxis – also ein Verständnis der pädagogisch-beraterischen Haltung, des pädagogisch-beraterischen Prozesses und der spezifischen pädagogisch-beraterischen Interventionen – verunmöglicht.

Im Folgenden soll der Versuch unternommen werden, sich dem skizzierten Konzeptualisierungsdefizit zu nähern, in dem zunächst ein basaler, pädagogischer Begründungszusammenhang für Beratung bereitgestellt wird. Dadurch wird es möglich, Beratung pädagogisch zu begründen. Und damit ist auch das konstitutionstheoretische Fundament für pädagogische Beratung gelegt.

Hierauf bezogen werden dann das für pädagogische Beratung relevante disziplinäre Deutungswissen, also die Frage danach, wie das Problem des Ratsuchenden pädagogisch verstanden werden kann, das professionelle Wissen, als ein Wissen und Können, das es ermöglicht, den individuellen Fall vor dem Hintergrund des allgemeinen pädagogischen Wissens „nach den Regeln der Kunst" zu bearbeiten, und das methodisch-didaktische Wissen als die Lehre von den Formen pädagogisch-beraterischen Handelns entfaltet. Das methodisch- didaktische Wissen wird darüber hinaus noch durch Beratungsbeispiele angereichert, so dass ein konkreter Eindruck der Beratungspraxis entstehen kann.

Alle drei Wissensarten sind für professionelle Beratung konstitutiv, und die Qualität von Beratung in Theorie und Praxis lässt sich daran messen, inwieweit über diese Wissensformen Auskunft gegeben werden kann.

Insofern heben die vorliegenden Bemühungen auf den Versuch ab, eine allgemeine pädagogische Theorie und Praxis von Beratung zu formulieren. Diese zu entwickelnde allgemeine Grundstruktur wird in den unterschiedlichen pädagogischen Handlungsfeldern beibehalten und nur durch das spezifische subdisziplinäre Wissen angereichert und durch die spezifischen Kontexte der Ratsuchenden fokussiert. Insofern kann es auch keine spezielle sozialpädagogische Beratung, sonderpädagogische Beratung, schulpädagogische Beratung etc. geben, sondern nur pädagogische Beratung und deren Anwendung in der Sozialpädagogik, der Sonderpädagogik, der Schulpädagogik etc.

Kennzeichnend für den vorliegenden Versuch der Formulierung einer pädagogischen Theorie der Beratung ist seine gedankliche „Zirkelstruktur", was nichts anderes heißt, als dass sich manche Sachverhalte wiederholend zeigen oder zur Darstellung gebracht werden müssen, um den ganzen Entwurf nicht aus den Augen zu verlieren. Gelegentlich muss auch thematisch etwas weiter ausgeholt werden, um den Gegenstand angemessen darzustellen. Hierfür wird um Nachsicht beim Leser geworben. Doch vielleicht sind auch manche, über den Gegenstand „pädagogische Beratung" hinausreichende Thematisierungen spannend und anregend. Dass es zu solchen Wiederholungen und thematischen Ausweitungen kommt, liegt in der Natur des Gegenstands. Denn wenn von Pädagogik allgemein und von pädagogischer Beratung im Speziellen gesprochen wird, versteht es sich leider nicht von selbst, was damit eigentlich gemeint ist. Dieser Umstand der begrifflichen Unbestimmtheit begleitet den Text, wird aber dann auch – und es ist zu hoffen, dass dies überwiegend gelingt – in klärender Absicht immer wieder zur Sprache gebracht und eben nicht vermieden. Grob lässt sich allerdings sagen, und dies dient der ersten Orientierung, dass in den vorliegenden Ausführungen der Begriff *Pädagogik* für die wissenschaftliche Disziplin und der Begriff *Erziehung* bzw. das Adjektiv *erzieherisch*, für die Praxis verwendet wird. Im Text geht es also gewissermaßen um die pädagogische Theorie und erzieherische Praxis mit Hinblick auf Beratung als ein Mittel der Erziehung. Selbstverständlich könnte man auch die Erziehungswissenschaft – und hier stellt sich schon die Frage: Erziehungswissenschaft und/oder Erziehungswissenschaften?! – für die Theorie und die Pädagogik für die Praxis verwenden. Das ist ja aktuell auch üblich. Der Erziehungswissenschaftler wendet sich der Theorie der Erziehung und Bildung zu und der Pädagoge dem Geschäft der Erziehung. Doch soll hier, wie sich noch aus guten Gründen zeigen wird, der ersten Verwendungsoption der Vorzug gegeben werden; was nicht heißt, dass auch manchmal das Adjektiv pädagogisch synonym mit erzieherisch und auch der Begriff Pädagoge synoym mit dem Begriff Erzieher aufgrund des Sprachgefühls verwendet werden. Grundlage bleibt aber die Differenzierung in Pädagogik und Erziehung.

Aus Gründen der besseren Lesbarkeit wird im Text die männliche Sprachform gewählt.

2

Konstitutionstheoretische Überlegungen – Der pädagogische Begründungszusammenhang von Beratung

Trotz der nicht unerheblichen Bemühungen, Beratung aufgrund der sich deutlich abzeichnenden Bestimmungsprobleme, die sich auf die Abkoppelung von grundlagentheoretischen und disziplinbezogenen Wissensbeständen zurückführen lassen, eine eigenständige Beratungswissenschaft (Fatzer u. Kohlhage, 2004; Möller u. Hausinger, 2009) zur Seite zu stellen und damit Beratung sowohl als Profession, also als akademischer Beruf, als auch als Disziplin auszuweisen, kann Beratung immer nur eine Option im Handlungsrepertoire einer professionellen Praxis sein.

Die sich aktuell abzeichnende Entwicklung von Beratung, eine Entwicklung, die sich durch den Versuch charakterisieren lässt, Beratung als Funktion einer professionellen Praxis aus dieser herauszulösen und als eigenständigen Beruf zu etablieren, kann am Gegenstandsbereich Supervision, bei dem diese Entwicklung schon weit fortgeschritten ist, nachgezeichnet werden. Theoriegeschichtlich betrachtet war Supervision im anglo-amerikanischen Sprachraum an den Beruf des Sozialarbeiters gebunden. Supervision hatte Ausbildungsfunktion und sollte den angehenden Sozialarbeiter in seine Tätigkeit einführen und unterstützen. Im europäischen Sprachraum entwickelte sich Supervision als Teil des Weiterbildungssystems im Rahmen psychoanalytischer Weiterbildung und hatte dort die Aufgabe, den Weiterbildungskandidaten bei der Behandlung seiner Patienten beizustehen (Hechler, 2005). Beide Formen der Supervision waren an Grundberufe gekoppelt, die sich ihrerseits wieder auf ihre korrespondierende Disziplin bezogen. Heute wird Supervision, begünstigt durch eine starke Interessensvertretung, fast überwiegend als eigenständiger Beruf aufgefasst.

Ob diese interessensbasierte Expansion einer professions- und konstitutionstheoretischen Analyse standhält, ist zu bezweifeln, denn jede professionelle Praxis ist auf ihre korrespondierende Disziplin bezogen und umgekehrt. Das heißt, der Arzt bedient sich der Kenntnisse der Medizin, der Anwalt/Richter derer der Jurisprudenz, der Pfarrer bezieht sich auf die Theologie und der Erzieher/Lehrer auf die Pädagogik. Hieraus folgt zum einen, dass jede professionelle Praxis beraterisch tätig sein kann und auch ist. Man spricht vom ärztlichen Rat, von der Rechtsberatung und von der Seelsorge als pastorale Beratung. Zum anderen ist allen gemeinsam, dass sie ihre Begründung aus den jeweiligen disziplinären Zusammenhängen ableiten.

Disziplin	**Medizin**	**Jura**	**Theologie**	**Pädagogik**
Profession	Arzt	Anwalt	Pfarrer	Erzieher
Professionelle Handlungsoptionen	*Heilmittel* • Operation • Medikation • Physiotherapie • Beratung • …	*Rechtsmittel* • Einsprache • Berufung • Revision • Beratung • …	*Heilsmittel* • Verkündigung • Predigt • Sakramente • Beratung • …	*Erziehungsmittel* • Unterricht • Arrangement • Information • Beratung • …

Abb. 3: Disziplinen – Professionen – Handlungsoptionen

Betrachtet man die spezifischen Disziplinen mit den dazugehörigen Professionen und deren eigentümlichen Handlungsoptionen, dann fällt auf, dass in dieser Systematik die Psychologie mit Hinblick auf Beratung zunächst keine Erwähnung findet. Und dies scheint umso mehr zu verwundern, da sowohl im fachlichen als auch im öffentlichen Diskurs mit Beratung eigentlich überwiegend „psychologische" Beratung gemeint ist (Steinebach, 2006).

Legt man aber die oben ausgeführten Unterscheidungskategorien bei der strukturellen Bestimmung von Beratung zu Grunde, dann ergeben sich mit Hinblick auf Psychologie und auf „psychologische" Beratung einige Fragen.

Betrachtet man Beratung als eine Handlungsform einer professionellen Praxis, dann muss für die wissenschaftliche Disziplin Psychologie eine korrespondierende professionelle Praxis identifiziert werden: Ohne Profession, keine professionellen Handlungsoptionen und damit auch keine Beratung! Sieht man von der Tatsache ab, dass Wissenschaft an sich als Profession gelten kann, dann war Psychologie lange Zeit ausschließlich eine akademische Disziplin ohne professionelle Interventionspraxis. Die Professionalisierung der deutschen Psychologie mit Hinblick auf eine professionelle interventionspraktische Wissensanwendung vollzog sich im Nationalsozialismus (Geuter, 1988). Das Zusammenspiel von Wehrmacht, Wirtschaft und Staat schaffte ein Feld, in dem insbesondere die test- und persönlichkeitspsychologischen Kompetenzen der Psychologie gefragt waren. Dieser testdiagnostische Schwerpunkt, der maßgeblich für die Professionalisierung der Psychologie verantwortlich war, setzte sich im Nachkriegsdeutschland in den aufkommenden Erziehungsberatungsstellen fort und fand hier einen institutionell abgesicherten Ort, um sich zu etablieren. Neben der testdiagnostischen Tätigkeit fand zunehmend auch die psychotherapeutische Tätigkeit durch die Psychologen in den Beratungsstellen Verbreitung. Der zweite Professionalisierungsschub der Psychologie fand also in und durch die Erziehungsberatungsstellen statt. Als dritte und bislang letzte und folgenreichste professionelle Entwicklungsphase der Psychologie kann das 1999 in Kraft getretene Psychotherapeutengesetz, das auch in Fachkreisen als „Psychologengesetz" bezeichnet wird, angesehen werden. In diesem Zusammenhang erscheint es so, als werde der wissenschaftlich-akademischen Disziplin Psychologie nun der Psychologische Psychotherapeut, der in Ansätzen vorher schon als „Klinischer Psychologe/Psychotherapeut" bekannt war, als professionelles Pendant zur Seite gestellt.

Die Entwicklung der Psychologie als Profession wirft aber einige Fragen auf. Zunächst kann festgehalten werden, dass der erste Professionalisierungsschub im Nationalsozialismus ganz offensichtlich die Kernkompetenzen der Psychologie abgefragt hat und man somit von einem genuin psychologischen Praxisfeld sprechen kann. Ob die test- und persönlichkeitspsychologischen Untersuchungen und die daraus folgenden Konsequenzen den Charakter einer interventionspraktischen oder aber vielmehr den einer ingenieurialen Wissensanwendung hatten, kann hier nicht weiter ausgeführt werden. Doch macht es einen Unterschied, wissenschaftliches Wissen einzelfallbezogen interventionspraktisch zur Anwendung zu bringen, da dann von professionellem Handeln gesprochen werden kann. Die ingenieuriale Wissensanwendung wissenschaftlichen Wissens dagegen entspricht zwar einem akademischen Beruf, nicht aber einer Profession.

Beim zweiten Professionalisierungsschub im Rahmen der Erziehungsberatungsstellen muss festgehalten werden, dass die gesetzliche Grundlage – zunächst durch das Jugendwohlfahrtsgesetz (JWG) ab 1953 und dann, ab 1991, durch das Kinder- und Jugendhilfegesetz (KJHG, SGB VIII) – eine pädagogisch motivierte und ausgestaltete Grundlage war, in der die Psychologie ihren Platz fand. Die Begründung für psychologisches Handeln ergab sich also aus einer pädagogischen Bestimmung.

Ähnliches gilt für den dritten Professionalisierungsschub im Rahmen des Psychotherapeutengesetzes (PsychThG). Mit dem Psychotherapeutengesetz ist zwar die Etablierung von zwei neuen Heilberufen, des Psychologischen Psychotherapeuten und des Kinder- und Jugendlichenpsychotherapeuten, gelungen, doch um den Preis der Bestimmung der psychologisch-psychotherapeutischen Tätigkeit als medizinisch begründete, heilkundliche Krankenbehandlung (SGB V). Die Partizipation der psychologisch-psychotherapeutischen Tätigkeit am medizinischen System und damit auch am Status des Arztes wird von den Psychologischen Psychotherapeuten überwiegend begrüßt. Und aktuell lassen sich auch Tendenzen erkennen, diese Nachformung durch die Diskussion um eine Kompetenzerweiterung der Psychotherapeuten mit Hinblick auf Krankschreibungen, Verordnung von Medikamenten und Krankenhauseinweisungen auszubauen.

Von Bemühungen um einen genuin psychologischen Begründungszusammenhang einer genau zu definierenden psychologischen Praxis – im Sinne einer professionellen Interventionspraxis – kann hier nicht mehr gesprochen werden. Denn auch mit der Schwerpunktsetzung „Psychotherapie" für die professionell-psychologische Praxis kann dem Verdacht, eine Funktion einer nicht bestehenden professionellen Praxis soll verberuflicht werden, um auf diesem Wege eine professionelle Praxis der Psychologie zu begründen, nicht wirksam begegnet werden. Etwas pointiert und provozierend formuliert, könnte, wie dies noch gezeigt wird, die Psychotherapie sowohl im medizinischen, was ja auch völlig unstrittig ist, als auch im pädagogischen Begründungszusammenhang, was noch am Rande aufzuzeigen sein wird, ihre gegenstandbezogene Bestimmung finden.

Darüber hinaus meldet sich nicht nur die Psychologie in der Diskussion um professionelle Beratung zu Wort, sondern in gleichem Maße auch die Soziologie und die Philosophie – wenn gleich auch in der Art ihrer Äußerungen deutlich zurückhaltender und bescheidener.

Die Soziologie zunächst weiß um ihren fundierten Status als akademische Disziplin, und in der Diskussion um Studienabschlüsse im Fach Soziologie wird nicht selten angeführt, dass der dem Fach angemessene Abschluss im Grunde der Magister Artium (M.A.) war. Schon der Diplom-Abschluss warf Probleme auf, da das Diplom einen berufsqualifizierenden Abschluss suggerierte. Nur war aber allerdings zur fragen, um welchen Beruf es sich hierbei eigentlich handelte. Durch die aktuelle Umstellung auf Bachelor- (B.A.) und Master- (M.A.) Abschlüsse wird die Diskussion, insbesondere beim Bachelor, um berufsqualifizierende Abschlüsse wahrscheinlich weiter fortgesetzt werden müssen. Blickt man aber auf die Binnenstruktur der akademischen Disziplin Soziologie, so ergibt sich hier eine interessante Entwicklung in Richtung „klinische" Soziologie (Oevermann, 2002; Behrend & Wienke, 2001; Dewe, 1996, 2004; Dewe & Radtke, 1989). „Klinisch" meint in diesem Zusammenhang die nicht-standardisierte interventionspraktische Hinwendung zu Problemen der Lebenspraxis, die mit dem wissenschaftlichen Wissen der Soziologie stellvertretend gedeutet werden, um sie dadurch zu beheben. In diesem Zusammenhang erscheint es möglich, dass die

Disziplin Soziologie aus sich heraus eine genuin soziologische Interventionspraxis hervorbringt, innerhalb derer Beratung eine Funktion beziehungsweise eine Handlungsoption sein kann.

Mit Hinblick auf die Philosophie schließlich lässt sich feststellen, dass es gegenwärtig so erscheint, als sei die Etablierung einer philosophischen Interventionspraxis gelungen. Gerd B. Achenbach hat als erster deutscher Philosoph in den 1980er Jahren eine Philosophische Praxis und damit zusammenhängend eine „Gesellschaft für Philosophische Praxis“ gegründet, die sich in den 1990er Jahren dann zur „Internationalen Gesellschaft für Philosophische Praxis“ entwickelte. Für Achenbach (1984) ist philosophische Interventionspraxis hauptsächlich philosophische Lebensberatung, die sich an Menschen – in Anlehnung an die antike Tradition werden die Menschen, die sich an einen philosophischen Berater wenden, als Besucher verstanden – wendet, die sich von Sorgen und Problemen belastet, über- oder unterfordert fühlen und denen es im Grunde darum geht, ihr Leben zu verstehen und auch von anderen Menschen verstanden zu werden. Immer geht es um die Frage eines „guten“ und bejahenswerten Lebens und wie dieses aktiv gelebt werden kann. Genau dieser Fokus unterscheidet philosophische Beratung von Psychotherapie, weil der philosophische Berater ein Spezialist für das Nicht-Spezielle ist, der sich sowohl dem Allgemeinen und Übersichtlichen als auch dem Widersprüchlichen und Abweichenden im menschlichen Leben zuwendet (Ruschmann, 1999). Philosophische Beratung ist demzufolge Hilfe zum Leben und trifft sich in dieser Zielsetzung mit der Pädagogik, der es im Grunde darum geht, Menschen zum Leben zu befähigen. Nicht umsonst waren fast alle antiken Philosophen als Erzieher praktisch tätig, und so können sowohl die Philosophie als auch die Pädagogik viele große Denker der Weltgeschichte als Repräsentanten der eigenen Disziplin für sich beanspruchen (Böhm & Fuchs & Seichter, 2009).

Pädagogik – Disziplin und/oder Profession?!

Die gleichen Kriterien und Blickwinkel, die bei der Psychologie, Soziologie und Philosophie als ein ordnungsstiftender Rahmen zu Grunde gelegt wurden, müssen auch für das Verhältnis von Pädagogik, Erziehung und Beratung angelegt werden, wenn von einer genuin pädagogischen Beratung gesprochen werden soll, die ihre simplifizierende Bestimmung, entweder als durch das pädagogische Feld, in dem sie zur Anwendung gebracht wird, oder durch die Person des Pädagogen, überwindet. Das bedeutet, pädagogische Beratung, die nicht fast ausschließlich Psychotherapieimport sein will und bei der andere Disziplinen die Deutungshoheit beanspruchen, muss innerhalb der und durch die Pädagogik begründet werden.

Will man also pädagogische Beratung in diesem Sinne thematisieren, kommt man um eine begriffsscharfe Vorstellung von der Begründung pädagogischen Handelns im Allgemein und von den „einheimischen Begriffen" (Herbart, 1806, S. 60) der Pädagogik im Speziellen nicht umhin. Dieses Unterfangen, an dem sich nicht nur schon Generationen von Pädagogen und Erziehungswissenschaftlern, sondern auch Angehörige benachbarter Disziplinen versucht haben, ist nicht einfach zu Wege zu bringen. Denn sowohl der Status der Pädagogik als Wissenschaft, als auch der Status der Pädagogik als Profession, erscheint auf den ersten Blick prekär. Von besonderem Interesse sind aber Überlegungen zum Erziehen als Profession, da Beratung hier verortet werden muss.

Wie bereits gezeigt wurde, erscheint es auf den ersten Blick als unstrittig, Medizin, Jura und Theologie als wissenschaftliche Disziplinen zu begreifen und korrespondierend die Ärzte, Anwälte und Pfarrer zu den „klassischen" Professionen zu rechnen, die, bislang zumindest, hohes gesellschaftliches Ansehen erfahren. Blickt man allerdings auf die Pädagogik und auf den berufsmäßigen Erzieher, ergeben sich hier schon erste massive Zweifel. So wird die Stellung der Pädagogik als Wissenschaft permanent in Frage gestellt, und auch der berufsmäßige Erzieher wird heute noch überwiegend gleichgesetzt mit „Kindergarten", in dem zumeist Frauen arbeiten, die gerne mit Kindern zu tun haben; doch braucht es hierfür allenfalls eine Fachschulausbildung. Fast ähnlich verhält es sich mit dem Lehrerberuf, dessen gesellschaftliches Ansehen – entgegen der tatsächlichen erzieherischen Praxis – mit der Schulform steigt. So wird beispielsweise der Grundschullehrer noch in der Nähe des „Kindergartens" verortet, wohingegen der promovierte Gymnasiallehrer schon fast als ein „echter" Fachwissenschaftler angesehen wird, der vom schnöden Geschäft des Erziehens eigentlich nichts wissen will. Darüber hinaus gibt es eine Vielzahl von pädagogischen Berufen, deren Berechtigung zur Ausübung durch Fachschulausbildung,

Fachhochschulausbildung und hochschulwissenschaftliche Ausbildung erworben wird. Und häufig kann selbst unter Pädagogen nicht deutlich gemacht werden, was den Erzieher vom Sozialpädagogen oder vom Diplompädagogen so genau unterscheidet. Diese Situation findet sich bei den drei anderen Professionen nicht, denn hier ist klar, dass, wer Arzt, Anwalt oder Pfarrer werden möchte, ein hochschulwissenschaftliches Studium absolvieren muss.

Nimmt man, vor dem Hintergrund der bisherigen Ausführungen, die allseits zu hörende Forderung nach besserer Bildung der Kinder und Jugendlichen und nach verbesserter Ausbildung der Erzieher und Lehrer ernst, kann eine Möglichkeit, den Forderungen zu entsprechen, darin liegen, die Ausbildung zur erzieherischen Berufstätigkeit der Ausbildung der anderer Professionen nachzuformen, was nichts anderes heißt, als die Professionalisierungsbedürftigkeit der pädagogischen Berufe in eine faktische Professionalisiertheit zu überführen. Dies würde eine hochschulwissenschaftliche Ausbildung erfordern, die zunächst theoretische („vorklinische") Inhalte vermittelt, und dann, vor dem theoretischen Hintergrund, zu ersten universitär begleiteten Praxiserfahrungen („klinische" Erfahrungen), und zwar in den unterschiedlichsten pädagogischen Handlungsfeldern, führt. Auf diesem Ausbildungsweg könnte der akademische Grad eines Erziehers erworben werden und hierauf aufbauende oder teilweise ins grundständige Studium schon integriert – ähnlich der Ausdifferenzierung in der Medizin und der ärztlichen Tätigkeit – könnten spezifische Weiterbildungen – zum Facherzieher für Frühpädagogik, Sozialpädagogik, Sonderpädagogik, Schulpädagogik, Erwachsenenbildung etc. – folgen.

Diese gedankenexperimentellen Überlegungen setzen allerdings voraus, dass Erziehen überhaupt als professionelle Tätigkeit angesehen und gesellschaftlich legitimiert werden kann.

Dass sich Berufe zu Professionen entwickelt haben, liegt in der anthropologisch fundierten Tatsache der Krisenhaftigkeit menschlicher Lebenspraxis begründet. Im Rahmen der menschlichen Kulturentwicklung, angefangen von der ca. 5–6 Millionen Jahre umfassenden Mensch-Tier-Übergangszeit bis hin zu erstem Städtebau und der Entstehung von Kulturlandschaften, entstand eine Lebenspraxis, die permanent von Krisen durchzogen war und noch immer ist: Menschliche Lebenspraxis folgt dem Krise-Routine-Modell (Oevermann, 2001). Das heißt, der Mensch bildet lebenspraktisch relevante Routinen durch die wiederholte Bewältigung von Krisen aus. Zu einer sich bewährenden Lebenspraxis gehört es, sowohl selbst Lösungen für Krisen zu erarbeiten als auch, im Falle des eigenen Scheiterns, Andere um Hilfe zu bitten. Die Befragung Anderer, auch in der Form einer Beratung, kann als Versuch angesehen werden, die eigene Lebenspraxis, die sich nicht mehr von selbst versteht, einer stellvertretenden Deutung zuzuführen. Die darauf folgende Aneignung der stellvertretenden Krisenbewältigung führt zu einer Erweiterung des eigenen Handlungspotentials und kann bei strukturell ähnlichen Krisen wieder zur Anwendung gebracht werden. Es sind dann genau diese anthropologisch fundierten Begründungszusammenhänge und evolutionsgeschichtlichen Grundlagen, aus denen sich die Professionen entwickelt haben. Denn vor dem Hintergrund der strukturell krisenhaft formierten Lebenspraxis bildeten sich gesellschaftliche Zentralwerte heraus, die für den Fortbestand des Einzelnen und der Gesellschaft als relevant angesehen wurden. Eine funktionale Gesellschaft ist auf die Aufrechterhaltung von Gerechtigkeit, Gesundheit und Erkenntnis angewiesen. Mit diesen Zentralwerten korrespondiert die Notwendigkeit zur Konsensbeschaffung, Therapiebeschaffung und Wahrheitsbeschaffung. Die Anerkennung der Zentralwerte führt zur Herausbildung der Professionen, die sich entsprechend den ausdifferenzierten Aufgabenstellungen zuordnen lassen. Professionen etablierten sich also im Laufe der Humanontogenese und der immer weiter fortschreitenden Ausdifferenzierung der Gesellschaft aufgrund der Notwendigkeit, gesellschaftliche Problemlöseinstanzen zu institutionalisieren, die den Individuen und Gruppen helfen, stellvertretend ihre Krisen zu bewältigen, um somit sowohl die individuelle Entwicklung des Einzelnen zu ermöglichen als auch zugleich die Entwicklung der Gesellschaft zu befördern.

Fragt man nun nach den Möglichkeiten, Erziehen als Profession zu begreifen, kommt man nicht umhin, die Tier-Mensch-Übergangszeit und damit die kulturelle Evolution als Geschichte der Erziehung zu lesen (Liedtke, 1997). Das Wesen des Menschen macht Lernen und Erziehung (überlebens-)notwendig. Und der Übergang von der Naturgeschichte zur Menschheitsgeschichte ist ohne Erziehung nicht denkbar. Erziehung ist „notwendige Bedingung der kulturellen Evolution, und sie bleibt deren Grundlage bis heute“ (Konrad, 2007, S. 7). Insofern ist es berechtigt, Erziehung zu den Grundkonstanten individueller und gesellschaftlicher Entwicklung zu zählen und ihr damit folgerichtig den Stellenwert eines gesellschaftlichen Zentralwerts zuzuerkennen. Daraus folgt, dass auch die berufliche Beschäftigung mit Erziehung als professionelle Praxis aufgefasst werden muss. Dieser Tatbestand, der aus heutiger Sicht einer Amnesie anheim gefallen zu sein scheint, war in der Antike unhinterfragt. Der Erzieher war, so könnte aus heutiger Sicht argumentiert werden, Angehöriger eines („freien") Berufs, der aufgesucht oder eingestellt wurde, wenn etwas gelernt werden sollte oder musste, ob nun auf die eigene Person oder auf andere bezogen, und der auch für seine erzieherischen Bemühungen entlohnt wurde (Entralgo, 1969). Beispielhaft für den Berufstand kann Aristoteles als Erzieher Alexander des Großen und Seneca als Erzieher Neros aufgeführt werden. In Kenntnis um die Bedeutung von Wissen, Können und Haltungen genossen die Erzieher in der Antike hohes Ansehen (Reble, 1995).

Doch trotz der theoretischen und faktischen Begründung des Erziehens als Profession, die sich auf eine „mehr als 2000 Jahre umfassende Geschichte" (Benner & Oelkers, 2003, S. 7) beziehen kann, ist es der Pädagogik scheinbar nicht gelungen, sich als Wissenschaft und als Profession zu behaupten. Doch das Fehlen der faktischen Professionalisiertheit kann den Tatbestand, dass Erziehung zu den Grundkonstanten individueller und gesellschaftlicher Entwicklung gehört und einen gesellschaftlichen Zentralwert abgibt, nicht in Abrede stellen und es wäre von Seiten der Erziehungswissenschaft klug, von hier aus die Debatte um die pädagogische Disziplin und Profession zu führen.

Vor dem Hintergrund der skizzierten Zusammenhänge mit Hinblick auf Erziehen als Profession und der unhintergehbaren Tatsache, dass permanent, ob nun von pädagogischen Laien oder Professionellen, erzogen wird und darüber hinaus der pädagogische Fachdiskurs sogar von einer Entgrenzung des Pädagogischen (Krüger u. Rauschenbach, 1997) spricht, verwundert es, dass, so scheint es zumindest, gerade die „Erzieher von Berufe" (Prange u. Strobel-Eisele 2006, S. 44) so wenig Auskunft darüber geben können, wofür sie eigentlich eine Expertise haben und was sie spezifisch in ihrem beruflichen Kompetenzprofil auszeichnet. Es stellt sich also immer wieder die Frage, welche spezifische Expertise, welches gesellschaftliche Mandat und welche spezifischen Kompetenzen Pädagogen aufweisen. Und im Anschluss daran die Frage, ob nicht das, was der studierte Pädagoge denkt und tut, nicht auch vom gesunden Menschenverstand des pädagogischen Laien zu Wege gebracht werden kann. Fast schon entschuldigend wird die berufliche Existenz, zumeist umgangssprachlich, verteidigt. Wenn es dann in der Diskussion von Seiten des Pädagogen doch zum kühnen Griff zum Fachargument kommt, dann stellt sich eine zweite Verwunderung ein. Denn das berufliche Handeln wird nicht, wie man es von einem Vertreter des pädagogischen Fachs erwarten könnte, pädagogisch begründet, sondern zumeist von den Erkenntnissen anderer Disziplinen abgeleitet. Und die Wahl der Argumentationszulieferer orientiert sich zumeist am aktuellen Mainstream des Wissenschaftsbetriebs. So ist momentan das weite Feld der Neurowissenschaften prominentester Vertreter für die Darreichung (scheinbarer) pädagogischer Argumente und Begründungen. Eine pädagogisch inspirierte Auseinandersetzung mit der Neurobiologisierung pädagogischen Denkens und Handelns, wie sie beispielsweise von Joachim Bauer (2007), in bester Absicht, so ist zu vermuten, und von Wolf Singer (2003) in sehr pointiert provozierender Weise vorgebracht wird, findet nur spärlich statt. Sieht man von der hervorragenden und wegweisenden Arbeit von Otto Speck über Hirnforschung und Erziehung (Speck, 2008), in der eine wirklich *pädagogische* Auseinandersetzung mit neurobiologischen Erkenntnissen geführt wird, ab, muss man feststellen, dass es für die meisten Pädagogen befriedigend, fast erleichternd, zur Kenntnis genommen wird, nun endlich von berufener Seite aus die Bedeutung erzieherischer Prägungsprozesse bestätigt zu bekommen. So, als könne man die scheinbar simple Frage: „Warum und wozu Erziehung?“ nicht selbst beantworten.

Doch erst die pädagogische Beantwortung dieser Frage ermöglicht auch in der Konsequenz die pädagogische Bestimmung der professionellen Handlungsoptionen, und eben auch der Beratung.

Zum Verwandtschaftsverhältnis von Pädagogik und Medizin

Dass sich das Phänomen Erziehung, obwohl ubiquitär, trotz enormer und traditionsreicher pädagogischer Anstrengungen bis heute nicht von selbst versteht, mag verwundern. Für diesen relativ stabilen Zustand lassen sich auch mannigfaltige Argumente ins Feld führen, die hier nicht weiter ausgeführt werden können. Vielmehr soll an dieser

Stelle eher konstruktiv mittels einer Rekonstruktion der Begründung ärztlichen Handelns der Versuch unternommen werden, erzieherisches Handeln eindeutig zu bestimmen. Auf diese Weise wird ein Rahmenmodell zur Begründung erzieherischer Praxis zur Verfügung gestellt, in dem sich Beratung dann problemlos als Form der Erziehung verorten und pädagogisch bestimmen lässt.

Für das Heranziehen der ärztlichen Praxis als Hintergrundfolie für die Bestimmung erzieherischer Praxis sprechen drei gewichtige Gründe, die zunächst nur in groben Zügen umrissen und später noch ausführlicher thematisch werden.

Erstens kann, im Gegensatz zur Pädagogik und zum pädagogischen Handeln, ein allgemeines Verständnis von der Notwendigkeit ärztlichen Handelns vorausgesetzt werden. Im Grunde hat jeder eine (leibhaftige) Vorstellung davon, warum er zum Arzt geht, und es ist auch weiterhin anzunehmen, dass niemand generell medizinische Theorie und ärztliche Praxis ernsthaft in Frage stellt. Ein Sachverhalt, der für die Pädagogik als Disziplin und als Profession nicht so ohne weiteres festgestellt werden kann, der sich aber gerade deswegen besonders gut eignet, erzieherisches Handeln kontrastierend zu entfalten.

Zweitens wird seit der Antike immer wieder auf die Gemeinsamkeiten ärztlichen und erzieherischen Handelns verwiesen. Von Aristoteles (2006) wird zunächst auf ein Phänomen hingewiesen, das sowohl für beide Praxen konstitutiv ist, als auch bis heute weiterhin Bestand hat. Gemeint ist die Ungewissheit im ärztlichen und erzieherischen Handeln. So kann sich der Arzt noch so sehr um den Patienten und seine Gesundung und der Erzieher noch so sehr um den Zögling und sein Lernen bemühen, keiner der beiden kann mit Gewissheit sagen, dass die Bemühungen den Erfolg zeigen, auf den sie abheben. In diesem Zusammenhang sind auch (ärztliche und erzieherische) Kunstfehler zu betrachten. Denn es ist nicht die weiter bestehende oder sich verschlimmernde Krankheit oder gar der Tod des Patienten, die bzw. der dem Arzt zur Last gelegt werden kann. Vielmehr ist dann von einem Kunstfehler zu sprechen, wenn sich nachweisen lässt, dass die Behandlung nicht „nach bestem Wissen und Gewissen" durchgeführt wurde. Das, was zählt, sind die ärztlichen Bemühungen nach den „Regeln der Kunst" und für diese spezifischen Bemühungen erfolgt auch die Honorierung. Was damals galt und auch heute, trotz eines immensen medizinischen

Fortschritts, noch gilt, ist die unhintergehbare Tatsache, dass sich der Heilungsprozess einer allumfassenden, technischen Beherrschbarkeit entzieht: „Je le pansai, Dieu le guérit" (Freud, 1912, S. 381). Freud bezieht sich hier auf die Aussage von Ambroise Paré, einem Wundarzt im 16. Jahrhundert: „Ich verbinde die Naht, Gott heilt". Und obwohl heute im Bereich der Medizin und Pädagogik eine positivistische Machbarkeitsphantasie vorherrscht, die vorgibt, mit standardisierten Behandlungsmodulen fast jede Erkrankung erfolgreich behandeln zu können bzw. mit multimodalen Trainingsprogrammen Denken, Erleben und Verhalten des Menschen entsprechend modifizieren zu können, weiß doch jeder erfahrene Arzt und Erzieher, dass es auf mehr ankommt als auf die technokratisch geformte Liebe zur Sache; es „bedarf zunächst der Liebe zum Menschen, und sie allein muss die Grundhaltung des Arztes sein" (Leibbrand, 1939, S. 20). Und diese Grundhaltung, die weit über die erlernbaren ärztlichen und erzieherischen Techniken hinausweist, findet sich in der heute vergessenen Forderung nach dem „Mehr als Arzt" (ebd., S. 19) bzw. dem „Mehr als Erzieher" formuliert (Spranger, 1958).

Neben dem Moment der Ungewissheit professionellen Handelns, das beide Praxen verbindet, findet sich auch das Moment der Zumutung. Sowohl das ärztliche als auch das erzieherische Handeln muten dem Patienten und Zögling etwas zu. Im Falle des ärztlichen Eingriffs, der häufig mit Schmerzen verbunden ist, muss gewissermaßen erst verwundet werden, um zu heilen, müssen Schmerzen zugefügt werden, um Schmerzen zu lindern, muss dosiert-kontrolliert vergiftet werden, um zu genesen, oder muss dosiert-kontrolliert infiziert werden, um die Gefahr von kritisch verlaufenden Infektionen zu bannen. Das griechische Wort Pharmakon als Begriff für Gift *und* für Arznei verweist genau auf diesen Zusammenhang. In gleicher Weise verhält es sich auch mit den erzieherischen Bemühungen um das Lernen des Zöglings. Immer geht es beim Zeigen des Erziehers um ein Dazu-Lernen, Neu-Lernen, Hinzu-Lernen oder Ver-Lernen. Und der Prozess des Lernens ist immer auch ein anstrengender und gelegentlich auch ein schmerzhafter. Dass die theoretische Pädagogik um diesen Sachverhalt weiß, zeigt sich in der Diskussion um das Bedingungsverhältnis von Fremdbestimmung und Selbstbestimmung, von Unmündigkeit und Mündigkeit, von Fürsorge und Selbstsorge. Immer geht es erst um eine bestimmte Form der Zumutung, die dann aber zur Mündigkeit, Selbstbestimmung und Selbstsorge führen kann. Am deutlichsten hat Platon (2006) mit seinem Höhlengleichnis die „Schmerzhaftigkeit“ von Lern- und Erkenntnisprozessen beschrieben.

Die Konzepte Mündigkeit, Selbstsorge und Selbstbestimmung weisen abschließend auch noch auf eine weitere Gemeinsamkeit des ärztlichen und erzieherischen Handelns. Es geht hierbei um die pädagogische Dimension ärztlichen Handelns (Schipperges, 1991) und um die Rolle des Arztes als Lehrer der Gesundheit bzw. als Pädagoge (Schipperges, 1991; Uexküll u. Wesiak, 1998). Das Verbindende zwischen ärztlichem und erzieherischem Handeln in der Antike ist die Orientierung an einer „guten“ Lebensführung. Heilkunde, als Gegenstand der Medizin, und Lebenskunde, als Gegenstand der Pädagogik, waren in der Antike noch ganz und gar eins. Und die Diätetik als Lehre einer gesunden Lebensweise, die auf die „Einhaltung der richtigen Mitte“ (Schipperges, 1991, S. 153) abhebt und sowohl medizinische als auch pädagogische Grundsätze und Maßnahmen umfasst, kann bis heute als gemeinsame Basis der Medizin und der Pädagogik angesehen werden, die ärztlichem und erzieherischem Handeln Orientierung stiftet.

Drittens spricht für das Heranziehen der Rekonstruktion ärztlichen Handelns als Hintergrund für die Bestimmung erzieherischen Handelns die gemeinsam geteilte Vorstellung von Medizin und Pädagogik als angewandte Wissenschaften. Und für die Medizin bedeutet dies, so Uexküll und Wesiak (1998), dass sie „letzten Endes gar keine Wissenschaft (ist), sondern eine Disziplin, welche die Theorien und Methoden von so genannten Grundlagenwissenschaften für praktische Zwecke der Ärzte verwende“ (S. 2). Diese Sichtweise führt zu theoretischen wie praktischen Problemen, da damit genau das „Mehr als Arzt“, das für die Behandlung des Menschen und dessen Gesundung so überaus wichtig erscheint, fast sogar, blickt man auf die Ergebnisse von Placebo-Untersuchungen (Hontschik, 2006), als Hauptwirkfaktor ärztlichen Handelns angesehen werden muss, aus den Augen verloren wird. Insofern entsteht die begründete Forderung nach einer Theorie der Humanmedizin, nach einer theoretischen Medizin, die als Bezugspunkt für die medizinische Diversifikation dient und damit eine Orientierungsgrundlage ärztlichen Denkens und Handelns mit Bezug auf den kranken Menschen abgeben kann.

Gleiches gilt aktuell auch für die Pädagogik. Die Vorstellung von Pädagogik als angewandter Wissenschaft meint nichts anderes, als dass als Grundlagenwissenschaften ausgewiesene Disziplinen, wie Psychologie, Soziologie, Neurowissenschaften etc., ihr Wissen für die Praxis der Erziehung zur Verfügung stellen. Erziehung ist dann nichts weiter als angewandte Psychologie, Soziologie oder Neurobiologie. Fragen der Erziehung werden dann so behandelt, als gäbe es keine theoretische Pädagogik, die zur Deutung der Erziehungsfrage beitragen könnte. Erzieherische Fragen werden entweder im Modus der Psychologie, Soziologie, Politik oder der Biologie gedeutet, in seltensten Fällen pädagogisch. Folgt man diesen Vorstellungen, dann hat das immense Konsequenzen für erzieherisches Handeln, weil die dafür in Gebrauch genommenen Erziehungsmittel gar nicht mehr pädagogisch begründet werden können. Insofern verwundert es auch nicht, dass in Ermangelung einer pädagogischen Konzeptualisierung der Erziehungsmittel Pädagogen das Heil in psychologischen Therapie- und Beratungskonzepten (Boeger, 2009) suchen. In dieser Vorstellung von Pädagogik als angewandter Wissenschaft kann es konsequenter Weise auch keine *pädagogische* Beratung geben.

2.1 Begründung ärztlichen Handelns – Das medizinische Paradigma

Die Beantwortung der Frage, „Warum und wozu Erziehung?", soll also zunächst mit der Frage nach der Begründung ärztlichen Handelns eingeleitet werden.

Mit Hinblick auf die Begründung ärztlichen Handelns ist die Tatsache von zentraler Bedeutung, dass die ärztliche (Be-)Handlung grundlegend auf den Zustand der Krankheit antwortet. Ärztliches Handeln begründet sich also durch die Tatsache der Möglichkeit und der Faktizität von Krankheit. Ohne Krankheit kein ärztliches Handeln! Würden Menschen nicht krank werden, würde es wahrscheinlich auch keine Ärzte geben. Nun ist die Potentialität und faktische Realität von Krankheit zwar der Grund für ärztliche Bemühungen und die Behandlung ist als Antwort auf den Zustand des Krankseins zu verstehen. Doch sagt diese einfache doch plausible Begründung noch nichts über die Möglichkeiten der Heilung aus. Hinzukommen muss ein weiteres Strukturelement. In gleicher Weise wie die Behandlung auf die Erkrankung antwortet, knüpft sie auch an die Regenerationsfähigkeit des Organismus' an. Es ist die Fähigkeit des menschlichen Körpers, (biologische, chemische und physikalische) Prozesse in Gang zu setzen, die versuchen, gestörte oder von Beeinträchtigung bedrohte Funktionen zu beheben oder abzuwenden, die Linderung oder Heilung erst in Aussicht stellen. Ärztliche Behandlung konstituiert sich also durch die Gleichzeitigkeit von Krankheit und Regenerationsfähigkeit. Aus diesem spezifischen Zusammenspiel entsteht die Möglichkeit, durch Einsatz der Mittel, die der ärztlichen Kunst zur Verfügung stehen, einen Heilungsprozess zu initiieren, der, wenn alles gut geht, komplett zur Gesundheit oder zumindest partiell zur Linderung der Erkrankung führt. Das heißt zusammengefasst, erstens legitimiert und begründet sich ärztliches Handeln durch den Tatbestand der Krankheit, zweitens antwortet die ärztliches Behandlung nicht nur auf die Erkrankung, sondern knüpft in gleichem Maße an die Fähigkeit des Organismus an, sich zu regenerieren. Drittens schließlich liegt das zentrale Ziel der ärztlichen Tätigkeit nicht in der Heilung, sondern in der Ermöglichung eines Heilungsprozesses, der

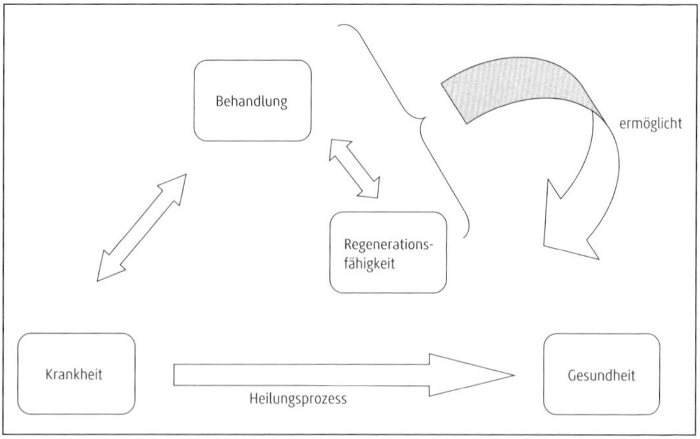

Abb. 4: Medizinisches Paradigma

im besten Fall zur Heilung führt. Verantwortung kann der Arzt nur für sein Bemühen um die Einleitung eines Heilungsprozesses übernehmen. Dieses Bemühen muss allerdings nach bestem Wissen und Gewissen von statten gehen, soll heißen: Es muss nach den Regeln der ärztlichen Kunst verfahren, den aktuellen Stand des medizinischen Wissens berücksichtigen und gleichermaßen auf ethischen Standards begründet sein. Eine Nicht-Heilung oder sogar der Tod eines Patienten, kann nur dann dem Arzt zugerechnet werden, wenn seine ärztlichen Bemühungen um die Einleitung eines Heilungsprozesses als fehlerhaft und damit als Kunstfehler anzusehen sind.

2.2 Begründung erzieherischen Handelns – Das pädagogische Paradigma

Wie verhält es sich nun, vor dem Hintergrund der Explikation ärztlichen Handelns, mit einem *pädagogischen* Begründungszusammenhang für erzieherisches Handeln?

Erziehung antwortet – und findet darin ihre Begründung und Legitimation – auf den anthropologischen Tatbestand der Erziehungsbedürftigkeit des Menschen. Sowohl die philosophische als die pädagogische Anthropologie weisen dem Menschen eine „exzentrische Positionalität" (Plessner, 1975) zu und weisen ihn gleichermaßen als ein „Mängelwesen" (Gehlen, 2003) aus. Die Erziehungsbedürftigkeit des Menschen gründet sich in der Tatsache, dass ohne menschliche Fürsorge und Versorgung der Säugling nicht überlebensfähig wäre. Erziehung als Antwort auf die Erziehungsbedürftigkeit heißt, das auf die Welt gekommene Kind bei der Regulation seiner Bedürfnisse zu unterstützen, es liebevoll zu versorgen und schließlich basale Lernprozesse zu initiieren.

Die Erziehungsbedürftigkeit des Menschen gibt zwar die notwendige Begründung für Erziehung ab, ist aber keinesfalls eine hinreichende, wenn es auch um die Frage geht, warum Erziehung gelingen kann? Erziehung antwortet nicht nur auf die Erziehungsbedürftigkeit, sie knüpft gleichermaßen auch an die Bildsamkeit des Menschen an. Bildsamkeit meint, dass der Mensch zwar zunächst als ein instinktreduziertes und zu früh auf die Welt gekommenes Mängelwesen aufgefasst werden kann, ihn aber eine enorme Lernfähigkeit und die Fähigkeit, sich selbst zum Thema des eigenen Denkens zu machen, auszeichnen. Aufgrund der Sonderstellung des Menschen als denkendes und vernunftbegabtes „Tier“, das sich durch den gattungsspezifischen Zusammenhang von Sprechen, Denken, Fühlen und Handeln auszeichnet, ist es ihm aufgegeben, sich selbst eine Form und Bestimmung zu geben, die sich eben nicht zwangsläufig aus seinen biologischen Anlagen ergeben. Bildung meint in diesem Sinne die (Selbst-)Formung des Menschen mit Hinblick auf eine selbstständige und selbsttätige, problemlösungsfähige und lebenstüchtige, moralische und gerecht handelnde Persönlichkeit, die die Fähigkeit besitzt, sich mit sich, mit Anderen und der Welt in Beziehung zu setzen und weist damit deutlich über die bloße Aneignung von Wissen und Können im Sinne von so genannten Kompetenzen hinaus.

Die Fähigkeit, zu lernen und sich selbst zu bilden, ist Voraussetzung dafür, dass es der Erziehung gelingen kann, Lernprozesse zu initiieren, die es dem Menschen ermöglichen, einen gebildeten Zustand erreichen zu können.

Wenn der Pädagoge also auf die Erziehungsbedürftigkeit mit Erziehung antwortet und seine erzieherischen Bemühungen gleichsam

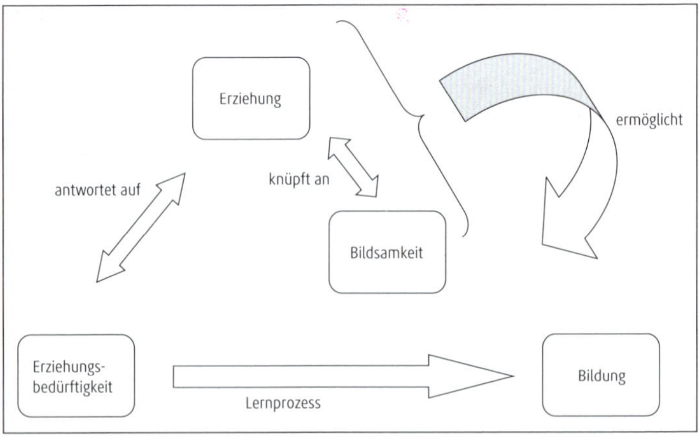

Abb. 5: Pädagogisches Paradigma

an die Bildsamkeit des Menschen knüpft, dann muss das Ziel der Erziehung nicht in der Bildung des Menschen gesehen werden, sondern darin, dass mittels Erziehung und den zur Verfügung stehenden erzieherischen Mittel Lernprozesse initiiert werden, die es dem Menschen ermöglichen, sich selbst zu bilden. Fokus der Erziehung ist demzufolge die Ermöglichung von Lernprozessen und nicht das Lernen oder gar die Bildung an sich. Denn Lernen und Bildung sind unvertretbar. Und Bildung kann nur als ein „Werk der Erziehung" (Flitner, 1997, S. 116) verstanden werden.

Insofern kann die Bewertung der erzieherischen Bemühungen auch nicht vom Resultat her vorgenommen werden, sondern vielmehr vor dem Hintergrund der Formen des pädagogischen Handelns, mit denen der Pädagoge auf die Anbahnung von Lernprozessen hingewirkt hat.

2.3 Beratung im pädagogischen Begründungszusammenhang

Um von pädagogisch begründeter Beratung oder kurz: von pädagogischer Beratung zu sprechen, muss es möglich sein, Beratung als Erziehungsmittel im skizzierten pädagogischen Begründungszusammenhang zu verorten und mit pädagogischen Begriffen systematisch auszuformulieren. Es stellt sich also die Frage, da, wie gezeigt wurde, Beratung ja nicht nur ein Thema der Pädagogik ist, welche spezifische Form Beratung aufweist, diese Form Beratung als Erziehungsmittel begründet und legitimiert und schließlich von anderen Formen der Beratung deutlich abzugrenzen vermag?

In pädagogischer Hinsicht ist Beratung die spezifische Antwort und Reaktion auf den Zustand der Ratlosigkeit eines Menschen. Das heißt, ohne Ratlosigkeit keine Beratung! Die konstitutiv angelegte Möglichkeit der Ratlosigkeit des Menschen ergibt sich aus der skizzierten Unbestimmtheit menschlichen Seins, also aus dem Tatbestand, dass der Mensch gezwungen ist, sich eine reflexive Form zu geben, die es ihm ermöglicht, sein Leben – so gut wie möglich – zu leben. Francois Jacob

(1988) hat diese gattungsspezifische Notwendigkeit mit dem Bild der „inneren Statue“ umrissen: „So berge ich in mir, seit frühster Jugend herausgemeißelt, eine Art Statue, die meinem Leben Zusammenhalt gibt und die das Kernstück, das Eigentlichste meines Charakters ist. Ich habe diese innere Statue ein Leben lang geformt, modelliert, wieder und wieder Retuschen angebracht und ihr letzten Schliff zu geben versucht. Meißel und Stecheisen, das waren in diesem Fall die Begegnungen und Wechselfälle meines Lebens (...)“ (Einband). Die zu vollbringende (Bildungs-)Arbeit an der „inneren Statue“ stellt den Menschen unter anderem auch vor existentielle Entscheidungen und fordert von ihm eine Wahl. Dieser Sachverhalt verweist auf die Tatsache, dass der Mensch, entgegen dem Tier, sowohl die Möglichkeit als auch den Zwang zur Wahl hat. Menschliche Lebenspraxis kennzeichnet sich dadurch, dass der Mensch permanent gezwungen ist, Entscheidungen zu treffen. Eine Nicht-Entscheidung oder eine Nicht-Wahl gibt es nicht. Üblicherweise sorgen die lebenspraktischen Routinen dafür, dass es gelingt – im Nachhinein könnte man sagen, mehr oder weniger –, gute Entscheidungen zu treffen. Wenn allerdings die Welt, die Anderen oder die eigene Person zur existentiellen Frage wird, wird die Entscheidungsfähigkeit eingeschränkt und Rat- und Orientierungslosigkeit entsteht.

Somit kann zwar die Existenz von Beratung pädagogisch begründet werden, es findet sich allerdings noch kein Hinweis darauf, welche weiteren Strukturelemente gegeben sein müssen, um potentiell davon auszugehen, dass Beratung erfolgreich auf die Ratlosigkeit eines Menschen einzuwirken vermag.

Beratung reagiert nun nicht nur auf die Rat- und Orientierungslosigkeit, sondern bezieht sich parallel auch auf die Vernunftbegabung des Menschen. Das heißt, der Mensch ist nicht nur partiell und temporär beratungsbedürftig, sondern in gleichem Maße auch in der Lage, vor dem Hintergrund abzuwägender Rationalitäts- und Plausibilitätskriterien, zum Ver-, Hinzu- und Umlernen und damit potentiell in der Lage, Entscheidungen zu treffen. Da Menschen „für Gründe empfängliche Wesen (sind), die aus Gründen differenzieren und handeln können“ (Sturma, 2006, S. 212), ja sich geradezu auf der Suche nach Sinngründen befinden (Heidegger, 2006), um scheinbare Grundlosigkeit aufzuheben, basieren diese Lernprozesse, so die Auffassung der pädagogischen Theorie der Beratung, auf Einsicht, Plausibilität und Rationalität. Und zwar einer Einsicht, Plausibilität und Rationalität, die im ratsuchenden Individuum ihre letzte Begründung findet.

Sowohl die aktuelle Beratungsbedürftigkeit in Form der Ratlosigkeit als auch die gegebene Vernunftbegabung konstituieren das Feld pädagogischer Beratung. Vor dem Hintergrund des Zusammenspiels der skizzierten Elemente und unter Verwendung der pädagogischen Mittel der Beratung, zielen die beraterischen Bemühungen auf das Zustandekommen eines spezifischen Lernprozesses, der es dem Ratsuchenden ermöglicht, einen Prozess der Urteilsbildung in Gang zu bringen, der letztendlich zur Selbsttätigkeit als einem zentralen Element einer umfassend zu verstehenden personalen Selbstbestimmung führt. Selbsttätigkeit meint hier die wieder erlangte Fähigkeit, mit Hinblick auf die existentiell drängende Frage eine Antwort zu finden, die eine Entscheidung und deren handelnde Umsetzung mit einschließt. Pädagogische Beratung will den ratsuchenden Menschen darin unterstützen, „das Werk der Not in ein Werk seiner freien Wahl umzuschaffen (...)" (Schiller, 1999, S. 212).

Das heißt aber auch, dass die beraterischen Bemühungen nicht auf die Lösung der Frage des Ratsuchenden direkt abheben, sondern auf die Initiierung eines pädagogischen Lernprozesses, der es dem Ratsuchenden ermöglicht, seine Frage für sich zu beantworten.

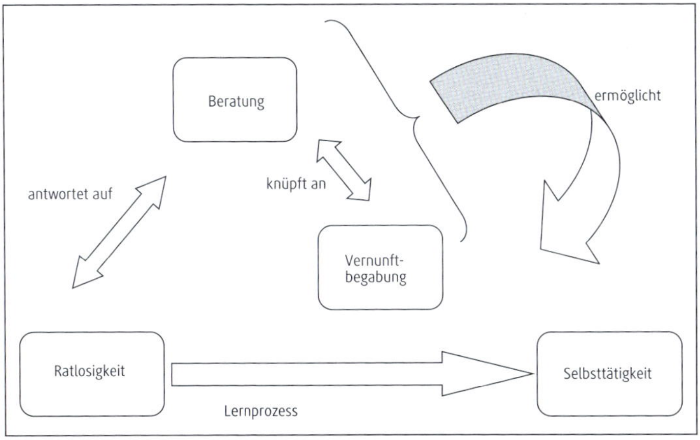

Abb. 6: Beratung im pädagogischen Paradigma

Pädagogischer Beratung, die unter dem Postulat der Selbsttätigkeit steht, hat in diesem Sinne eine vierfache Funktion. Sprey (1968) spricht von der erfahrungsorientierten Ordnungshilfe, von der reflexionsorientierten Ordnungshilfe, von der Entscheidungsförderung und vom fördernden Beistehen. Pädagogische Beratung hilft, Erfahrungen zu ordnen und sie auf dem Wege der Reflektion mit individuellem Sinn und Bedeutung zu füllen. Die Unordnung der Erfahrung, die als Ausgangspunkt der Ratlosigkeit angesehen werden kann, und die ordnend-sinn- und bedeutungsstiftende Reflektion ermöglichen dann erst eine Entscheidung, die mit Hilfe eines fördernden Beistehens auch umgesetzt werden kann.

Wie einleitend ausgeführt wurde, wird einerseits Beratung in pädagogischen Handlungsfeldern eine enorme Bedeutung zugesprochen. Andererseits hat diese Beratung mit Pädagogik, sieht man mal vom Feld und/oder von der Person des Beraters, die pädagogisch ausgebildet sein kann, ab, in den meisten Fällen nichts mehr zu tun. Beraterischem Handeln liegen zumeist psychotherapeutische Konzepte und deren Menschenbildannahmen zu Grunde (s. o.), die dazu führen, dass das pädagogische Sehen, Denken und Handeln in den Hintergrund tritt oder sogar ganz zu Gunsten der „Philosophie" des Beratungsansatzes aufgegeben wird. Beratung wird so nicht selten, selbst wenn sie in einem pädagogischen Handlungsfeld statt findet und auch von einem Pädagogen durchgeführt wird, zu einem völlig unpädagogischen Phänomen. Um von Beratung als einer Form neben anderen Formen pädagogischen Handelns zu sprechen, muss Beratung pädagogisch begründet bzw. hergeleitet sein.

Beratung als pädagogisches Phänomen ist Lernhilfe im Bereich der Selbsterziehung und steht im Postulat der (Selbst-)Bildung des Menschen. Pädagogische Beratung als Bildungsangebot unterstützt Menschen beim notwendig gewordenen Prozess der Urteilsbildung angesichts einer sich existentiell stellenden Frage. Dadurch verweist pädagogisch begründete Beratung auf den bis in die Antike zurückreichenden Zusammenhang von Bildung und Entscheidung, von Wohlberatenheit und Urteilsfähigkeit.

3

Disziplinäres Deutungswissen

Beratung wird aber nicht nur aufgrund seiner pädagogischen Begründung zu pädagogischer Beratung, sondern in gleichem Maße auch durch den spezifisch *pädagogischen Blick*, also dadurch, wie der Berater das Anliegen des Ratsuchenden pädagogisch konzeptualisiert und dadurch eine pädagogische Deutung der Fragestellung des Ratsuchenden vornimmt.

Immer ist es auch potentiell möglich, die Fragestellung des Ratsuchende in einen anderen disziplinären und professionellen Diskurs zu stellen. So kann die Fragestellung beispielsweise als medizinisches Problem verstanden werden, bei dem ärztliche Hilfe Not tut, oder aber als ein theologisches, bei dem das seelsorgerische Gespräch zur Anwendung gelangt. Die Lebensprobleme der Menschen sind so vielfältig, vielschichtig und komplex, dass sie disziplinär und professionell gerahmt werden müssen, um sie in ihrer Komplexität zu reduzieren und damit überhaupt bearbeitbar zu machen.

In der pädagogischen Beratung geht es zentral um die *Pädagogik des Problems*, also um das Verstehen der Lebensproblematik unter einer pädagogischen Perspektive. Damit ist im Grunde nichts anderes gemeint als eine Form pädagogischer Diagnostik. Begreift man Beratung als ein Erziehungsmittel unter anderen, dann muss, bevor Beratung zur Anwendung gebracht wird, eine genaue Vorstellung darüber bestehen, wie die Situation des Ratsuchenden pädagogisch verstanden werden kann, um entweder Beratung als der aktuell schwierigen Situation des Ratsuchenden angemessenes Erziehungsmittel auszuweisen – oder aber von Beratung als Erziehungsmittel abzusehen und andere Formen pädagogischen Handelns in Erwägung zu ziehen. Dieses, gewissermaßen als pädagogische Differentialindikation zu bezeichnende, Vorgehen muss jeglichem pädagogischen Handeln vorausgehen oder aber eingeschrieben sein. Denn die spezifisch-individuelle Situation des Individuums entscheidet über die Verwendung der Erziehungsmittel.

Dieser Sachverhalt ist zwar für den Arzt und sein Handeln selbstverständlich, kann aber für den Pädagogen und seine erzieherische Tätigkeit nicht gleichermaßen in Anspruch genommen werden. Wird allerdings die weitere Professionalisierung der berufsmäßigen Erzieher und die disziplinäre Selbstbestimmung der Pädagogik angestrebt, dann muss es gelingen, den *Sonderwissensbestand der Pädagogik*, der im professionellen Kontext einzelfallbezogen interventionspraktisch zur Anwendung gebracht wird, deutlich zu machen. Es ist eben genau dieser Sonderwissensbestand, der die Eigenständigkeit der Disziplin und der Profession gewährleistet. Und der dann auch dazu führt, dass die Pädagogik und die Pädagogen zur Situation von Individuen, Familien, Gruppen und zu gesellschaftlichen Phänomenen etwas pädagogisch zu sagen haben – eine spezifische Expertise, die abrufbar ist und die sich von der Expertise benachbarter Disziplinen und Professionen unterscheidet.

Sondiert man unter diesen Vorgaben die Erkenntnisse der theoretischen und praktischen Pädagogik, stößt man unweigerlich auf das umfassende pädagogische Wissen um den Lebenslauf und um das Lernen.

3.1 Pädagogik des Lebenslaufs

Jeder Mensch, der lebend geboren wird, hat einen Lebenslauf, und dieser beginnt, so könnte weiter ausgeführt werden, schon lange vor seiner Geburt, da die Lebensgeschichte der Eltern, der Großeltern und der bisherigen Familie schon einen Sinn- und Bedeutungshof für zukünftige Generationen bereitgestellt hat. Insofern ist es richtig zu sagen, dass der Mensch gewissermaßen in seinen Lebenslauf hineingeboren wird. Und dieser wird durch die Erfahrungen mit Anderen, mit der Welt und nicht zuletzt auch mit sich selbst, zu einem individuellen Lebenslauf. Im Grunde kann der Lebenslauf eines Menschen als ein individueller Erfahrungsprozess verstanden werden, durch den ein subjektives Wissen über sich, die Anderen und die Welt entsteht. Dieses Wissen bildet den Hintergrund, vor dem neue Situationen und Sachverhalte, mit denen der Mensch im Laufe seines Lebens immer wieder konfrontiert wird, interpretiert und bewertet werden. Im gelingenden Fall führen diese Konfrontationen, die nicht selten als Verunsicherungen erlebt werden, zu einer Modifikation des bereits bestehenden Wissens im Sinne einer Erweiterung, Überarbeitung oder Revidierung. Prozessual betrachtet, entsteht so ein individuelles Orientierungssystem, ein inneres Arbeitsmodell (Stern, 2005), mit dessen Hilfe der Mensch Ereignisse vorhersagen und Handlungen planen kann.

Der Lebenslauf kann somit als Bildungsprozess verstanden werden, durch den der Mensch, mittels lernender Auseinandersetzung mit den sich bietenden Erfahrungen, personales Bewusstsein und eine spezifische Biographie ausbildet.

An dieser Stelle wird die Affinität der Pädagogik zum Lebenslauf besonders deutlich. Denn begreift man Erziehung als eine spezifische soziale Praxis, die unspezifisch auf andere und zukünftige Praxen vorbereiten soll, dann bedeutet Erziehung nichts anderes als eine systematische Unterstützung, Anleitung und Hilfe zur individuellen Lebensführung und der Lebenslauf bestimmt den Anfang und das Ende der erzieherischen Hilfe zum und im Leben (Loch 1981). Im Grunde kann von einem wechselseitigen Bedingungsverhältnis zwischen Erziehung und Lebenslauf ausgegangen werden. So wird einerseits die Bedeutung der Erziehung erst angesichts des eigenen Lebenslaufes deutlich, andererseits ist es die Erziehung, die maßgeblich darauf Einfluss nimmt, was und wie aus welchen Erfahrungen für das eigenen Leben gelernt wird: Die Passagen im Lebenslauf eines Menschen weisen auf den Ort, auf den sich Erziehung beziehen muss, und gleichermaßen eröffnet oder verschließt das durch Erziehung an- und begleitete Lernen zukünftige Möglichkeiten im Lebenslauf. Oder mit anderen Worten: „Im Horizont der Erziehung wird entschieden, welche Bedeutung der Lebenslauf gewinnt, und im Horizont des Lebenslaufs wird entschieden, welche Bedeutung die Erziehung gewinnt" (Loch 1979, S. 14)

Zwar beschäftigen sich seit der Antike Pädagogen mit dem Zusammenhang von Erziehung und Lebensform (Marrou, 1977; Loch, 1979; Spranger, 1959), mit einer Pädagogik der Lebensalter (Guardini, 2001; Böhnisch, 1999) und neuerdings auch mit der Bedeutung der Biographie und des Lebenslaufs für pädagogische Theoriebildung und erzieherische Praxis (Krüger u. Marotzki, 1999).

Aber erst Werner Loch (1999) hat mit seinen Bemühungen um eine biographische Erziehungstheorie einen belastbaren, erziehungswissenschaftlich abgesicherten Rahmen geschaffen, in dem sich die vielfältigen und traditionsreichen, theoretischen Anstrengungen um das In-Beziehung-Setzen von theoretischer Pädagogik, erzieherischen Bemühungen und Lebenslauf konzeptuell zusammenfassen lassen. Der Lebenslauf gibt hierbei nicht nur eine Folie ab, vor deren Hintergrund die altersspezifischen Entwicklungsdynamiken, die spezifischen Entwicklungsaufgaben und – falls notwendig – auch die entsprechenden entwicklungsförderlichen Maßnahmen bestimmt werden können.

Im Konzept einer biographisch orientierten Erziehungs- und Bildungstheorie wird auch die pädagogische Frage nach dem Wesen des Menschen (Roth, 1971; Nohl, 1947) thematisch. In pädagogischer Hinsicht und mit Bezug auf den geforderten Sonderwissensbestand bietet sich der Lebenslauf als Horizont für pädagogisches Verstehen und Handeln gerade zu an (Loch, 1979).

Im Grunde genommen stellt die biographische Erziehungstheorie nicht weniger als ein Konzept einer Entwicklungspädagogik bereit, das es ermöglicht, sowohl Aussagen über den Lern- und Entwicklungsprozess des Menschen über die gesamte Lebensspanne als auch Aussagen über Lern- und Entwicklungshemmungen, die im Laufe des Lebens auftreten, zu treffen.

3.1.1 Zum Kreislauf von Lernen, Lernhemmung und Lernhilfe

Das dem Konzept einer Pädagogik des Lebenslaufs zugrunde liegende pädagogische Paradigma ist die Annahme, dass sich der Mensch von Geburt an, und auch wahrscheinlich schon in späteren Phasen der Schwangerschaft, in einem Kreislauf von Lernen, dann unweigerlich auftretenden Lernhemmungen und darauf antwortenden Lernhilfen bewegt.

Das bedeutet nichts anderes, als dass der Mensch ohne Lernen nicht überleben kann, er hierfür auch enorme Kompetenzen – die Fähigkeit zu lernen – mitbringt, diese aber gelegentlich nicht ausreichen, um eine Lernaufgabe, die sich im Lebenslauf stellt, angemessen zu bewältigen. An diesen krisenhaft zugespitzten Stellen wird dann Lernhilfe nötigt, um das zu lernen, was es zu lernen gilt, so dass die eigene Lebenspraxis (wieder) in personaler Selbstbestimmung gestaltet werden kann.

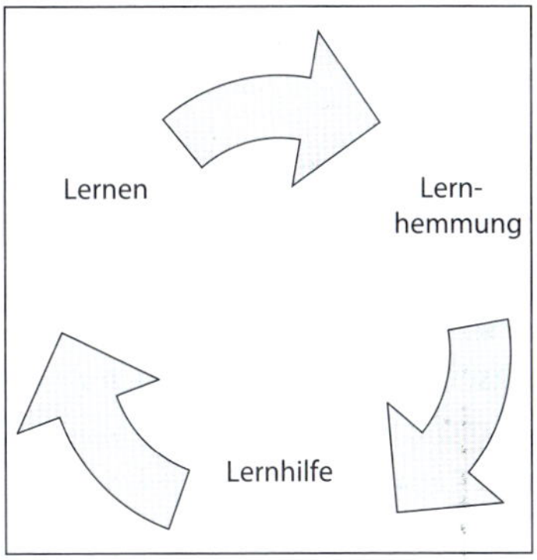

Abb. 7: Lebenslauf aus pädagogischer Sicht

Die Konzeptualisierung der menschlichen Entwicklung als eine zirkelförmige Abfolge von Lernen, Lernhemmung und Lernhilfe stellt den genuin pädagogischen Beitrag zur Humanontogenese dar. Blickt die Psychologie auf die Psychogenese, die Soziologie auf die Soziogenese des Menschen, so hat die Pädagogik die Personagenese (Menschwerdung des Menschen) im Blick, und deren Grundlage gibt der lebensgeschichtliche Kreislauf von Lernen, Lernhemmung und Lernhilfe ab.

Darüber hinaus folgt aus diesen Erkenntnissen zwingend auch die Bestimmung der Rolle des berufsmäßigen Pädagogen als professioneller Lernhelfer. Doch sind Lernhilfen nicht von vorne herein Angelegenheiten professioneller Lernhelfer. Denn die Formen der Lernhilfe sind vielfältig, und Lernhilfe findet auch nicht nur als bewusste Intention statt, sondern ist eingebettet in das zwischenmenschliche Miteinander. Erst wenn die intuitive Lernhilfe versagt, werden andere Formen von Lernhilfe nötig. So kann der Rat unter Freunden hinsichtlich einer Problemstellung als Versuch der Initialisierung einer Lernhilfe verstanden werden. Wenn auch diese, wenig formalisierten, Lernhilfen scheitern, dann erst wird professionelle Lernhilfe nötig. Ziel der professionell-pädagogischen Intervention ist die Wiederherstellung des Lernens aus eigener Kraft. Der Pädagoge folgt dabei der Frage, an welchen Lernaufgaben der Mensch scheitert, kontrastiert dies mit einer Einschätzung der bisherigen Lernentwicklung und konzeptualisiert vor diesem Hintergrund die spezifische Lernhilfe, die sowohl auf die aktuelle Lernhemmung antwortet als auch die vergangene Lerngeschichte mit einbezieht.

3.1.2 Zum Erwerb curricularer Kompetenzen

Der Regelkreis von Lernen, Lernhemmung und Lernhilfe gibt also den Rahmen vor, in dem sich die menschliche Lern- und Entwicklungsgeschichte vollzieht. Dem Konzept muss aber eine Entwicklungspädagogik zur Seite gestellt werden, die sich auf die pädagogisch relevanten Phasen im Lebenslauf bezieht und den Kreislauf von Lernen, Lernhemmung und Lernhilfe inhaltlich füllt.

Damit der Mensch sein Leben „gut" und bejahenswert führen kann, ist er grundlegend auf den Erwerb spezifischer Kompetenzen angewiesen, die entwicklungslogisch aufeinander aufbauen und die die Grundlage und Struktur des individuellen Bildungsprozesses abgeben. Loch (2006) bezeichnet diese Fähigkeiten als *curriculare Kompetenzen* und meint damit Fähigkeiten, die im Individuum bereits angelegt sind und die danach streben, sich phasenspezifisch in unterschiedlichen Kontexten zu entwickeln. Die Kontexte, in denen die Entwicklung dieser spezifischen Fähigkeiten möglich ist, werden als *curriculare Situationen* bezeichnet. Curriculare Situationen sind zumeist zwischenmenschliche

Situationen, die sich zwingend entwicklungslogisch aus dem Lebenslauf ergeben und das betreffende Individuum vor eine zu bewältigende (Entwicklungs-)Aufgabe stellen. Diese Aufgabe muss gelöst und bewältigt werden und führt im gelingenden Fall zur Ausbildung der spezifischen curricularen Kompetenz. Zentral ist hierbei, dass sich das Bemühen um die Bewältigung der Entwicklungsaufgabe auf bereits ausgebildete Kompetenzen bezieht, was nichts anderes heißt, als dass die aktuelle erfolgreiche Bewältigung davon abhängt, inwieweit bisherige curriculare Kompetenzen erfolgreich erworben wurden. Wie auch immer das Lernen in der curricularen Situation ausgeht, immer hinterlässt es einen Eindruck – der mehr oder weniger bewusst zur Verfügung steht – im Lebenslauf und in der Lerngeschichte des Individuums, der maßgeblich darüber bestimmt, wie die weiteren anstehenden Entwicklungsaufgaben im Lebenslauf angegangen werden können. Denn solche curricularen Situationen, mit den ihnen inhärenten Lernaufgaben, stellen sich dem Menschen nicht nur in der Kinder- und Jugendzeit, sondern auch im Erwachsenenalter, und darüber hinaus bis in das hohe Alter. Und immer muss dabei auf bereits ausgebildete Fähigkeiten zurückgegriffen werden.

Nun kommt es aber nicht selten vor, dass sich ein Individuum in einer spezifischen curricularen Situation mit einer Lernaufgabe konfrontiert sieht, für deren erfolgreiche Bewältigung die bereits ausgebildeten Kompetenzen (noch) nicht ausreichen. Übersteigt die Lernaufgabe die aktuell verfügbaren Kompetenzen, entwickeln sich Lernhemmungen, die als *curriculare Konflikte* aufgefasst werden. Diese sind sehr bedeutsam für die Personagenese, und aus autobiographischen Erzählungen weiß man, dass curriculare Konflikte genauso häufig erinnert werden wie Lernerfolge. In diesem Sinne sind Lernhemmungen im Grunde als eine vertiefende Möglichkeit zur personalen Selbstbildung zu verstehen, wenn es gelingt, auf die Lernhemmung eine angemessene Antwort zu finden. Tritt eine Lernhemmung auf, versucht das Individuum diese durch Aktivierung unterschiedlichster Ressourcen und Netzwerke zunächst selbst zu lösen. Erst wenn auch diese Möglichkeiten zu keinem der curricularen Situation angemessenen Lernerfolg führen, wird professionelle *Lernhilfe* notwendig. Lernhilfe kann präventiv als auch interventiv erfolgen und erstreckt sich potentiell, wie auch die curricularen Kompetenzen und Situationen, auf die gesamte Lebensspanne.

Erscheint es in diesem Zusammenhang noch als allgemein anerkannt, im Kindes- und Jugendalter von Erziehung zu sprechen, so gestaltet sich die Bezeichnung der Lernhilfe im Erwachsenenalter als nicht ganz so konsensfähig. Trotz der, die gesamte Lebensspanne umfassenden (potentiellen), Erziehungsbedürftigkeit des Menschen, die sich als eine Kurve beschreiben lässt, die zu Beginn den höchsten Punkt erreicht, dann stetig abfällt, im Laufe des Erwachsenenalters horizontal verläuft und in bestimmten Krisensituationen wieder ansteigt, bezeichnet man Lernhilfe im Erwachsenenalter entweder als Bildung, wenn die vorbeugende Lernhilfe gemeint ist, oder aber als Psychotherapie, wenn Lernhilfe als Intervention angewendet wird. So kommt es, dass es in vielen so genannten psychotherapeutischen Maßnahmen eigentlich um Nacherziehung (Freud, 1916) geht.

Zusammenfassend lässt sich festhalten, dass zwar der Bedarf an Erziehung mit steigendem Lebensalter abzunehmen scheint, gleichwohl aber das Leben bis ins hohe Alter Entwicklungsaufgaben bereit hält, die häufig ohne Lernhilfe nicht zu bewältigen sind.

Doch egal ob Lernhilfe im Kinder-, Jugend- oder Erwachsenenalter notwendig wird, immer geht es bei ihr um die Wiederherstellung der Lernens aus eigener Kraft mit Hinblick auf personale Selbstbestimmung, Selbsttätigkeit und Mündigkeit. Insofern ist Lernhilfe zeitlich begrenzt, weil sie nur so lange angeboten wird, bis sich das Lernen aus eigener Kraft wieder hergestellt hat und die Lernhemmung überwunden ist.

Erziehung erscheint im Lebenslauf somit als *curriculares Erziehungsmuster*, das stufenweise auf die spezifischen Entwicklungsphasen des Individuums aufbaut und die jeweilige curriculare Situation mit den spezifisch auszubildenden Kompetenzen und Konflikten in den Blick nimmt (Loch 1981).

Doch nun zu den curricularen Kompetenzen im Einzelnen. Loch (1998, 1999) hat hierzu ein Stufenmodell entwickelt, das jede einzelne der elf Stufen vor dem Hintergrund der Strukturelemente curriculare Kompetenz, curriculare Situation, curricularer Konflikt und auf den Konflikt bezogene Lernhilfe ausführt.

Die erste curriculare Kompetenz, die es auszubilden gilt, bezieht sich auf die *Einverleibungsfähigkeit*. Zwar ist der Säugling mit einem Saugreflex ausgestattet, doch muss er lernen, diesen zu modulieren und der zwischenmenschlichen Situation anzupassen, um satt zu werden.

Hierbei ist er auf die Kooperation und Unterstützung durch die Mutter, den Vater oder andere Bezugspersonen angewiesen. Aufgrund der Angewiesenheit des Säuglings mit Hinblick auf die Versorgung mit Nahrung wird diese Situation als *materielle Situation* bezeichnet. Innerhalb dieser curricularen Situation leistet die Mutter oder andere Personen durch die Versorgung, liebevolle Pflege und Körperkontakt *Wachstumshilfe*. In dieser ersten Phase ergeben sich curriculare Konflikte zumeist aus der mangelnden Fehlanpassung und bewegen sich nach Loch (1998) zwischen den Polen *Überfütterung und Unter- bzw. Fehlernährung*.

Die zweite curriculare Kompetenz, die auf die Einverleibungsfähigkeit aufbaut, thematisiert die *Wahrnehmungsfähigkeit*. Hierbei geht es darum zu lernen, die Umwelt mit den eigenen Händen, Augen und Ohren fühlend, sehend und hörend zu begreifen und wahrzunehmen. Das Kind lernt Dinge zu unterscheiden und zu erkennen, sich zu identifizieren und Ergebnisse seines eigenen Handelns zu beobachten. Diese Wahrnehmungsfähigkeit entwickelt sich in der *familiären Situation*, in der dem Kind bewusst wird, dass es die Mutter teilen muss und auch andere Personen der Familie Einfluss auf sein Leben haben. Das heranwachsende Kind lernt somit den Umgang mit den bedeutungsvollen Anderen in seiner Umgebung. Zu seiner Unterstützung leisten diese Personen *Organisationshilfe*, indem sie dem Kind zu erforschende Dinge in die Hand geben, es bei der Erkundung seiner Umwelt begleiten, ihm neue Erfahrungsräume eröffnen und einen ermunternden und unterstützenden Interaktionsrahmen bieten, in welchem sich das Kind entwickeln und familiäre Gepflogenheiten erlernen kann. Das richtige Maß der Orientierungshilfe entscheidet auch darüber, ob sich ein curricularer Konflikt ausbildet. Wenn, dann ist dieser zwischen *Verhätschelung und Verkümmerung* angesiedelt.

Nach der Einverleibungs- und Wahrnehmungsfähigkeit folgt die *Fähigkeit zum Gehen-Können* als dritte curriculare Kompetenz. Das Gehen-Können befreit das Kind aus der Situation des Liegen-Müssens und leitet die Entwicklung der Körperbeherrschung sowie der lokomotorischen Kompetenz ein. Das Kind hat nun die Möglichkeit, seine Umgebung noch besser explorieren zu können, und lernt dabei, seiner Neugier nachzugehen, neue Erfahrungen zu sammeln, Grenzen zu spüren und sich trotz Trennungsängsten von den Bezugspersonen zu lösen. Die Hilflosigkeit und das Ausgeliefertsein werden nun von einem bewusst gesteuerten Annähern und Abwenden zu Personen und Dingen abgelöst. Die Entwicklung dieser curricularen Kompetenz wird durch die *Situation der Nachbarschaft* begünstigt. Die Struktur der nachbarschaftlichen curricularen Situation ermöglicht dem Kind immer neue Erfahrungsräume, in welchen es sich erforschend bewegen kann. In dieser Phase wird der Umgang mit Fremdem, Neuem und Nützlichem erlernt. Die Eltern oder Erzieher leisten in dieser curricularen Situation *Orientierungshilfe,* indem sie zum Beispiel das Kind begleiten, auf es achten, Hilfestellungen bieten, Räume schaffen, Grenzen setzen und Rückmeldungen geben. Wiederholt sich dieser Umgang mit dem Kind stetig, lernt es Vertrauen zu haben und einen freundlichen Umgang mit Anderen zu pflegen. Curriculare Konflikte, die aus dieser Entwicklungsphase hervorgehen, können meist in Richtung *Überbehütung oder Verwahrlosung* entfaltet werden.

Die vierte zu erwerbende Kompetenz ist die *Nachahmungsfähigkeit.* Hierbei geht es um Imitation und Identifikation. Das Kind prägt sich bestimmte Verhaltensweisen, die es bei anderen wahrgenommen hat, ein und wendet sie bei passenden Situationen selbst an. Dabei wird nicht nur das Nachahmen gelernt, sondern, durch häufiges übendes Wiederholen, auch eine Routine in der Anwendung des Nachgeahmten hervorgebracht. Das Kind lernt, sich an das Verhalten Anderer und deren Erfolg oder Misserfolg zu erinnern und diese Erinnerung dann in spezifische Situationen abzurufen, um zu Entscheidungen zu kommen. Da das Kind in dieser Entwicklungsphase alle es umgebenden Menschen beobachtet, beschreibt man diese Konstellation als *Satellitensituation.* Durch die Nachahmungsfähigkeit kann das Kind sich mit bestimmten Personen identifizieren oder auch bewusst distanzieren. Die Personen dienen dem Kind in dieser Situation als Vorbild und leisten *Identifikationshilfe,* indem sie mit erfolgreichem Verhalten Aufmerksamkeit erregen und ihr Verhalten leicht nachahmbar gestalten. Menschen, die diese Phase nicht befriedigend durchlaufen haben, leiden häufig entweder an einer *Fixierung und mangelnder Flexibilität oder an einer übermäßigen Fluktuation* mit Hinblick auf eine kohärente Lebensführung.

Das Erlernen der Nachahmungsfähigkeit eröffnet den Weg zum Erwerb der *Einbildungskraft* als fünfte Kompetenz. Die durch die Nachahmung erworbenen Verhaltensweisen werden nun im Spiel mit subjektivem Sinn gefüllt. Das Kind lernt spielerisch, andere Rollen zu übernehmen und sich in diese hineinzuversetzen, um neue und andere Erfahrungen zu erleben. Im Spiel, das Ausdruck seiner Phantasie ist, begibt sich das Kind in eine *illusionäre Situation*. Jede illusionäre Situation ist anders und eröffnet immer neue Lernaufgaben, die es zu bewältigen gilt. So geht es mal um Geschicklichkeit, um das Bilden von Regeln, um Selbsterprobung oder um das Annehmen unterschiedlichster Rollen, um nur einige Lernaufgaben aufzuführen. Wesentlich ist, dass sich das Kind dabei von *Repräsentationshilfe* unterstützen lässt. Damit gemeint ist die Herstellung von Phantasie anregenden Räumen, in welchen sich das Kind selbsttätig entfalten kann, sowie ein anerkennendes und wertschätzendes Umfeld. Curriculare Konflikte, die sich auf diese Phase zurückführen lassen, zeigen sich entweder in unrealistischen *Wahnvorstellungen*, die das Träumerische übersteigen, oder aber in sehr *automatisierten Lebensvollzügen*, die das kreativ-schöpferische Moment des Lebens völlig vermissen lassen.

Aus den vorher entwickelten Fähigkeiten sind die Grundlagen für den Erwerb der *Sprachfähigkeit*, die als sechste curriculare Kompetenz der Nachahmungsfähigkeit folgt, gelegt. Das Kind lernt nun, sich durch Sprache mitzuteilen und sich in *interpretierenden Situationen* zurechtzufinden. Um das Sprechen und seinen Gebrauch gut lernen zu können, wird dem Kind *Kommunikationshilfe* in Form von Fragen, Antworten, Begründungen und Ermutigungen von Seiten des Umfeldes zuteil. Da die Sprache die Grundlage aller erzieherischen Handlungen abgibt und dem Wort im Menschen und zwischen den Menschen größte Bedeutung zukommt, ergeben sich curriculare Konflikte zumeist aus der Sprachpathologie innerhalb der erzieherischen Situation. Lernhemmungen sind dann zwischen *sprachlicher Unverbindlichkeit und starrem Dirigismus* angesiedelt.

Die *Fähigkeit zur Regelbildung* beschreibt die siebte curriculare Kompetenz und umfasst das Lernen von Verallgemeinerungen, Begriffsbildungen und die Verinnerlichung von Normen. Dieses Lernen findet meist in Situationen statt, die durch einen moralischen Konflikt für das Kind gekennzeichnet sind. Man spricht also von *moralischen Situationen*, in die das Erlernen der Regelbildung eingebettet ist. Aufgabe der Erziehung ist es nun, *Entscheidungshilfe* zu leisten, um so die Fähigkeit der Regelbildung zu unterstützen. Die Bewältigung dieser Entwicklungsphase entscheidet dann auch in großem Maße darüber, ob der

Mensch seine Aufgaben eher *zwanghaft oder im Sinne des Laissez-faire* angeht.

Hat das Kind gelernt, mit Regeln umzugehen, und kann es bereits viele seiner Fähigkeiten anwenden, entsteht die Motivation zu einer höheren *Leistungsfähigkeit*, die als achte curriculare Kompetenz bezeichnet wird. In so genannten *Konkurrenzsituationen* lernt das nun schon ältere Kind, sich mit anderen zu vergleichen, und die Anerkennung für Geleistetes steigert seine Selbstachtung. Zur Unterstützung seiner Leistungsfähigkeit benötigt das Kind *Motivationshilfe*, die vom familialen oder erweiterten Umfeld geleistet werden kann. Von Bedeutung ist hierbei, dass der Mensch in dieser curricularen Situation lernen muss, sich und seine Fähigkeiten angemessen einzuschätzen. Gelingt dies nicht, können Lernhemmungen entstehen, die sich entweder der *Über- oder der Unterschätzung* der eigenen Person und der eigenen Fähigkeiten zurechnen lassen.

Die Fähigkeit zur Regelbildung und die Leistungsfähigkeit bilden die Voraussetzung für den Erwerb der neunten curricularen Kompetenz, des *Denken-Könnens*. Das Kind lernt hierbei in *Problemsituationen*, schwierige Sachverhalte und Situationen durch Hinterfragen, Experimentieren, Beweisen und Begründen zu lösen. Dafür benötigt es jedoch bestimmte Informationen über Sachverhalte und Situationen. Mit Hinblick auf die Ausbildung des Denkens kann der Unterricht als Prototyp einer Lernhilfe im Sinne einer *Informationshilfe* verstanden werden. Hier entscheidet es sich, ob das Individuum in der Lage ist, mit schwierigen Sachverhalten umzugehen, oder aber, ob der Mensch die anstehende Herausforderung prinzipiell als *unlösbar* betrachtet oder ob er beim Bewältigungsversuch die Erfahrung macht, dass seine Fähig- und Fertigkeiten angesichts der zu bewältigenden Aufgabe als *unbrauchbar* einzuschätzen sind.

Mit Hilfe der Leistungs- und Denkfähigkeit entwickelt sich das *technische Verstehen* als zehnte curriculare Kompetenz. Die curriculare Situation wird als *kreative Situation* aufgefasst, weil es darum geht, das erworbene Wissen und Können in unbekannten Situationen zur Anwendung zu bringen, und aus den Erfahrungen, die mit der Anwendung verbunden sind, wieder zu lernen. In kreativen Situationen kann nicht selten *Produktionshilfe* nötig werden, die hilft, das kreative Potential auch umzusetzen. Erst die Erfahrung, neuen Situationen und Sachverhalten kreativ begegnet zu sein, ermöglicht die Bewältigung der Entwicklungsaufgabe. Ein Scheitern kann dazu führen, dass Herausforderungen, die das Leben stellt, entweder *dilettantisch* angegangen werden oder aber potentiell kreative Situationen vermieden werden, was dann zu einer unbefriedigenden Form der *Langeweile* führt.

Stufe	Curriculare Kompetenz	Curriculare Situation	Curricularer Konflikt	Curriculare Lernhilfe
11.	Selbstdarstellungsfähigkeit	Kritische Situation	Angst, Narzissmus	Selbstverwirklichungshilfe
10.	Technische Kompetenz	Kreative Situation	Dilettantismus, Langeweile	Produktionshilfe
9.	Denkfähigkeit	Problemsituation	unlösbar, unbrauchbar	Informationshilfe
8.	Leistungsfähigkeit	Konkurrenzsituation	Über-/Unterschätzung	Motivationshilfe
7.	Regulative Kompetenz	Moralische Situation	Zwang/Laissez faire	Entscheidungshilfe
6.	Sprachfähigkeit	Interpretative Situation	Dirigismus/Unverbindlichkeit	Kommunikationshilfe
5.	Spielen-Können	Imaginäre Situation	Wahn/Automatisierung	Repräsentationshilfe
4.	Nachahmen-Können	Satellitensituation	Fluktuation/Fixierung	Identifikationshilfe
3.	Gehen-Können	Nachbarschaftssituation	Überbehütung/Verwahrlosung	Orientierungshilfe
2.	Wahrnehmen-Können	Familiale Situation	Verhätschelung/Verkümmerung	Organisationshilfe
1.	Einverleiben-Können	Materielle Situation	Überfütterung/Unterernährung	Wachstumshilfe

Abb. 8: Curriculare Kompetenzen (Übersichtstabelle in Anlehnung an Loch, 1998)

Die elfte curriculare Kompetenz bezieht sich auf die *Selbstdarstellungsfähigkeit*. Das bedeutet, dass der Mensch alles, was er im Laufe seines bisherigen Lebens gelernt hat, in eine kohärente Lebensform bringen kann, und sich mit all dem, was er ist und wie er sich selbst sieht, darstellen kann. Selbstdarstellung wird immer dann nötig, wenn man sich einer *kritischen Situation* gegenüber sieht, die die eigenen Fähigkeiten herausfordert. Um solche Situationen zu bewältigen, benötigt es die *selbst verwirklichende Hilfe*, die durch Bewährung oder Beratung geleistet werden kann. Hier wird die Möglichkeit geboten, sich darin zu üben, in kritischen Situationen sich selbst, seinem Wissen und seinem Können zu vertrauen. Aus der mangelnden Bewältigung dieser Aufgabe entstehen dann nicht selten entweder *Ängste* oder aber *narzisstische Selbstüberschätzungen*.

3.1.3 Die Konstellation der bedeutungsvollen Anderen

Der Kreislauf von Lernen, Lernhemmung und Lernhilfe und die entwicklungspädagogischen Betrachtungen zum Erwerb curricularer Kompetenzen weisen deutlich auf die notwendige Eingebundenheit in zwischenmenschliche Zusammenhänge hin. Kein Lernen ohne die Anderen. Der Mensch ist mit Hinblick auf sein Lernen und seine Lerngeschichte auf seine Mitmenschen angewiesen. Und das Lernen ist dann am erfolgreichsten, wenn den oder dem Mitmenschen eine überwiegend emotional-affektive Bedeutung zugesprochen wird (Mead, 2008). Es ist die (pädagogische) Beziehung zwischen dem Edukanten und dem Erzieher, die darüber entscheidet, was und wie gelernt wird. Und hier kommt der Person des Erziehers besondere Bedeutung zu, da er eben nicht einfach nur als Vermittler unterschiedlicher Wissensarten fungiert, sondern, wie bereits gezeigt wurde, „mehr als Erzieher" sein muss. Denn es ist genau dieses „mehr als Erzieher", das sich als Beziehungsqualität verstehen lässt, die den Erzieher zum bedeutungsvollen Anderen für den Edukanten werden lässt. Liegt in der guten pädagogischen Beziehung der Schlüssel zum erfolgreichen Lernen, so gilt gleichermaßen, dass eine von Zerwürfnissen und Misstrauen getragene Beziehung zum Erzieher das eigene Lernen fast verunmöglichen kann. Und es ist Aufgabe des Erziehers, sich soweit darüber Rechenschaft abzulegen, ob die aufgetretenen Lernhemmungen mit seiner Person oder mit der pädagogischen Beziehung zu tun haben. Für diese Klärung und für die möglicherweise daraus folgende Behebung der von ihm mit verursachten Lernhemmung muss der Erzieher Sorge tragen. Erst in jüngster Zeit, angestoßen durch die pädagogische Biographieforschung, die sich der Erfahrung mit Erziehung zuwendet (Loch, 1988), kommt diese Seite von Lern- und Erziehungsschwierigkeiten mehr in den Blick, da mittlerweile auch die Fehlformen des Erziehens und damit pädagogische Kunstfehler Thema der erziehungswissenschaftlichen Diskussion werden (Strobel-Eisele, 2008).

Da es der Erzieher, wie Bernfeld (1970) dies bereits ausgeführt hat, immer gewissermaßen mit zwei zu erziehenden bzw. mehr oder weniger erzogenen Personen zu tun hat, also mit der, um die er sich aktuell erzieherisch bemüht, und mit der eigenen, zumeist verdrängten, Person, die im Dort und Damals ebenfalls im Fokus erzieherischer Bemühungen gestanden hat und die im schlechtesten Fall den Erziehungs- und Lernprozess des Edukanten ungünstig beeinflusst, muss der Erzieher, um den Edukanten überhaupt angemessen verstehen zu können, in einen lebensgeschichtlichen Diskurs eintreten. Und dies in zweifacher Hinsicht. Zum einen dient das angeleitete oder lebensgeschichtliche Selbstgespräch der Erinnerung und der Reflexion der Erfahrungen, wie es war, selbst erzogen worden zu sein. Ziel ist die kritische Auseinandersetzung mit der erlebten Erziehung, um sich deren Formen und Fehlformen bewusst zu machen, denn nicht selten sind unbewusste Erfahrungen mit der eigenen Erziehung die Quelle für Störungen in der aktuellen erzieherischen Berufstätigkeit. Im Grunde ist das lebensgeschichtliche Gespräch – ob nun als Selbstgespräch oder begleitetes Gespräch – als Form der professionellen Selbsterziehung zu verstehen, um Störungen der erzieherischen Berufstätigkeit, die aus nicht integrierten eigenen Erfahrungen mit Erziehung resultieren, zu beheben. Zum anderen aber wendet sich das lebensgeschichtliche Gespräch – vor dem Hintergrund der bewussten Verfügbarkeit über das eigene Erziehungsschicksal – dem Edukanten zu, denn nur das lebensgeschichtlich inspirierte Gespräch vermag ein Verstehen des Edukanten herzustellen. Und dieses Verstehen ist deswegen maßgeblich, weil nur auf diesem Wege eine Idee, sowohl von den Fähigkeiten, Entwicklungschancen und Wünschen als auch von den dafür nötigen Lernaufgaben, möglichen Lernhemmungen und darauf bezogenen Lernhilfen hervorgebracht werden kann. In diesem Sinne entscheidet die Art und Weise, wie wir als Erzieher mit dem Edukanten sprechen und mit ihm ins Gespräch kommen, darüber, ob wir für diesen zu einem bedeutungsvollen Anderen werden und damit sein Lernen wahrscheinlich befördern können oder ob unsere Bemühungen um das Lernen des Edukanten von diesem eher als unbedeutend erfahren werden. Das erzieherische Gespräch hat damit das Potential zu einer „befreienden Lernhilfe" (Loch, 1988, S. 253), insbesondere in Situationen, in denen ein Mensch, belastet durch eine unglückliche Konstellation signifikant Anderer, um Hilfe und Rat nachfragt.

3.2 Pädagogik des Lernens

Wie aus den Ausführungen zum Lebenslauf aus pädagogischer Sicht deutlich geworden ist, kommt dem Lernen des Menschen größte Bedeutung zu. Das heißt, die Pädagogik des Lebenslaufs, als Deutungsmuster für menschliche Entwicklung, entfaltet erst durch einen korrespondierenden pädagogischen Lernbegriff ihre erklärende und verstehende Potenz.

Dass Lernen einen pädagogischen Grundbegriff darstellt, darüber haben sich erst in jüngster Zeit führende Pädagogen verständigt (Mayer-Drawe, 2008; Mitgutsch et al., 2008; Göhlich & Zirfas, 2007; Göhlich et al., 2007). Im Laufe der Beschäftigung mit Lernen als zentraler Bezugsgröße theoretisch-pädagogischer und erziehungspraktischer Anstrengungen entstand ein Unbehagen darüber, dass die modernen Lerntheorien und Lernbegriffe, wie sie von den Biowissenschaften, der Kognitions- und Verhaltenspsychologie und der Soziobiologie bereitgestellt werden, in einem pädagogischen Zusammenhang nicht sinnvoll zu verwenden sind. Zwar sind die traditionsreichen pädagogischen Bemühungen um einen Lernbegriff (Göhlich et al., 2008) scheinbar in Vergessenheit geraten, doch war es aus pädagogischer Sicht schon immer unstrittig, dass Lernen lebenswichtig ist und es nicht nur als Voraussetzung für menschliches (Über-)Leben angesehen werden kann, sondern grundsätzlich die Basis für die Menschwerdung des Menschen abgibt. Diese Ansicht teilen auch andere Disziplinen, die sich mit Lernen beschäftigen, doch ist das pädagogische Interesse am Lernen dadurch gekennzeichnet, „dass es nicht nur nach den Modalitäten des Lernens, sondern auch nach dessen Inhalten fragt, d. h. danach, was dieses Lernen mit dem Lernenden und der Welt macht“ (ebd., S. 7). Der Pädagogik des Lernens geht es zentral um das wechselseitige Verhältnis von Ich und Welt und um dessen Weiterentwicklung.

Insofern ist Erziehung, in dem sie nach den Möglichkeiten eines guten und bejahenswerten Lebens fragt und von dort aus auch Lerninhalte entwirft, immer ein wertgeleitetes Unterfangen.

In einem pädagogischen Verständnis, das die skizzierten Sichtweisen zusammenzufassen vermag, bezeichnet Lernen „die Veränderungen von Selbst- und Weltverhältnissen sowie von Verhältnissen zu anderen, die nicht aufgrund von angeborenen Dispositionen, sondern aufgrund von reflektierten Erfahrungen erfolgen und die als begründete Veränderungen von Handlungs- und Verhaltensmöglichkeiten, von Deutungs- und Interpretationsmuster und von Geschmacks- und Wertstrukturen erlebbar sind (...)“ (Zirfas, 2007, S. 164). Dass es innerhalb der pädagogisch begründeten Beratung dann auch zentral um Lernen geht, erscheint ob dieser pädagogischen Definition von Lernen als unstrittig. „Erziehung ist Lernhilfe im weiten Sinne, nicht nur beim schulischen Lernen, sondern bei jeder Art des Erwerbs oder der Reorganisation von Wissen, Kompetenzen, Einstellungen und Motiven“ (Fuhr, 1999, S. 110).

Aus dieser Definition ergeben sich allgemein vier Charakteristika hinsichtlich der Modalität des Lernens (Göhlich & Zirfas, 2007). Lernen ist erstens *erfahrungsbezogen*. Das heißt, Lernen knüpft an bereits gemachte Lernerfahrungen an und ist in der Lage, diese zu erweitern, zu modifizieren oder aber auch zu korrigieren, so dass eine fortwährende Weiterentwicklung der dem Menschen aktuell zur Verfügung stehenden Wissensbasis möglich ist.

Lernen ist zweitens *dialogisch* strukturiert. Wissen entbindet sich prinzipiell im Gespräch bzw. innerhalb einer Beziehung. Lernen kann nie ganz ein individueller Vorgang sein. In Anlehnung an Prange (1997) kann man sagen: Ohne Sprache und ohne dialogische Beziehung keine Erziehung und auch kein Lernen. Und hier ist genau der Punkt markiert, an dem virtuelle Medien, wie E-Learning etc, an ihre Grenze stoßen.

Drittens muss Lernen *sinnvoll* sein. Erst die erlebte Sinnhaftigkeit im Lernen führt zur weiteren Motivation, erhält die Neugierde aufrecht und sorgt gewissermaßen dafür, dass das Lernen zu einem intrinsisch motivierten Prozess wird, der zeitlebens nicht zum Abschluss kommt.

Viertens schließlich muss Lernen *ganzheitlich* sein. Da Lernen eben mehr ist als kognitive Umstrukturierung und Verhaltensänderung und Lernen dann am erfolgreichsten ist, wenn ein subjektiver Sinnzusammenhang vom Lernenden hergestellt werden kann, beziehen sich Lernprozesse auf das Fühlen, Denken und Handeln von Menschen.

Im Speziellen lassen sich, vor dem Hintergrund der pädagogischen Definition von Lernen, hauptsächlich drei Dimensionen des Lernens ableiten. Erstens das Wissen-Lernen, zweitens das Können-Lernen und drittens das Leben-Lernen. Genau genommen lässt sich auch noch auf eine vierte Dimension, die des Lernen-Lernens, verweisen, doch ist diese Dimension den ersten drei Dimensionen kopräsent gegeben. Das heißt, sowohl beim Wissen-Lernen, Können-Lernen als auch beim Leben-Lernen, lernt der Mensch auch immer etwas darüber, wie er lernt.

Doch zunächst zum *Wissen-Lernen*. Beim Wissen-Lernen geht es um die Sache. Das heißt aber nicht, dass nicht auch Körperliches, Soziales, Emotionales oder Sprachliches als Wissen sachlich lernbar gedacht werden kann. Im analytischen Prozess des Wissen-Lernens dringt man von undeutlicher zur deutlichen Erkenntnis vor. Das Wissen-Lernen vollzieht sich im Übergang von Nicht-Wissen zu Wissen und legt die Fähigkeit des Menschen zu Grunde, sowohl dazuzulernen als auch umzulernen. Im professionellen pädagogischen Verhältnis sind sachbezogene Fragestellungen am sinnvollsten dadurch zu begegnen, dass sich der Pädagoge auf die Vermittlung und der Lernende auf die Aneignung von Information bzw. Wissen beziehen. Ein Zugewinn von entsprechendem Wissen führt in der Regel zur Beantwortung der sachbezogenen Frage und darüber hinaus zu einer Erweiterung des zur Verfügung stehenden Wissens.

Nun ist das Wissen aber nur die eine Seite. Die Signatur menschlicher Lebenspraxis ist die Handlung. Der Mensch kann zwar viel Wissen erwerben, das heißt aber noch nicht, dass er auch in der Lage ist, dieses Wissen handelnd umzusetzen. Auf diese Umsetzungsfähigkeit hebt die zweite Dimension des Lernens ab. Beim *Können-Lernen* geht es um verkörperlichte Handlungsfähigkeit. Das gelernte Wissen muss vom

Akteur auch handelnd umgesetzt werden können. Das bedeutet, dass zwar das Wissen der Sache nach objektivierbar ist, die handelnde Umsetzung des Wissens sich aber einer Objektivierung entzieht. So können verschiedene Menschen die gleiche Information vermittelt bekommen, was die Einzelnen dann aber daraus machen (können), darüber entscheidet – mehr oder weniger gewollt und bewusst – das Subjekt. Der Grad der Umsetzung des Wissens in lebenspraktische und lebensrelevante Handlungen hängt von den Fähigkeiten und der Verfasstheit des Subjekts ab. Etwas können ist demzufolge auf tastende Versuche, Nachahmung, wiederholender Übung und Mimesis angewiesen.

Das *Leben-Lernen* schließlich bezieht sich auf die Lebensform, also auf die Haltungen und Einstellungen, die ein Mensch ausgebildet hat, um sein Leben führen zu können, und knüpft damit an das Verständnis antiker Erziehung an, nach dem es sich jeder Mensch zur Aufgabe machen muss, seine eigene Statue zu formen (Marrou, 1977). Die Notwendigkeit zur (Selbst-)Formung ergibt sich aus der Natur des Menschen als ein seltsames Ding „inmitten der Dinge, das nicht einfach bleiben kann, wie es die Natur entlässt, das nicht in fester Art steht wie ein Fels und eine Welle, wie Pflanze und Tier, das sich vielmehr eine Fassung geben muss, eine Sinngestalt, eine Prägung, ein Gesetz“ (Fink, 1970, S. 13). Wie bereits an anderer Stelle ausgeführt, bezieht sich das Leben-Lernen in allgemeiner Hinsicht auf die Herausbildung einer inneren Statue bzw. auf den Aufbau eines inneren Halts (Moor, 1960) als wertgeleitetes Ordnungs- und Strukturierungsprinzip.

Das Leben-Lernen ist allerdings umfassender angelegt, denn es thematisiert die gesamte „stufenförmige Erweiterung von basalen Lebenstechniken über Möglichkeiten der Lebensbewältigung und -befähigung bis hin zur biographisch kohärenten und individuell-stilistischen Lebensgestaltung“ (Göhlich, Wulf u. Zirfas, 2007, S. 19) im Sinne der Lebenskunst. Die Fähigkeit, sein Leben zu leben, hängt eng mit den vorherigen Dimensionen des Wissens und Könnens zusammen. Erst das Zusammenwirken von Wissen und Können, die durch eine spezifische (Lebens-)Form verbunden sind, führt zu einer individuellen Lebensgestaltung, die es zu pflegen und weiter zu entwickeln gilt. So können spezifische Haltungen oder Einstellungen dazu führen, dass bedeutsames Wissen nicht erworben wird oder Fähig- und Fertigkeiten nicht entwickelt werden. Vor dem Hintergrund der theoriegeschichtlichen Entwicklung der Pädagogik und der erziehungspraktischen Anstrengungen kann mit gutem Grund davon gesprochen werden, dass die Pädagogik nie etwas anderes war als Anleitung zum Leben-Lernen. Immer geht es in Fragen von Erziehung und Bildung um die Vermittlung von Fähigkeiten und Wissensbeständen, die dem Menschen helfen sollen, seinem Leben eine reflektierte Form zu geben.

3.3 Beratung im curriculum vitae

Konnte zunächst im ersten Kapitel Beratung als ein gattungsspezifisches Phänomen aufgefasst werden, dessen kulturelle Ausprägung und Entwicklung ihren Ausgang in der Kompensation der mangelnden Instinktausstattung des Menschen nahm und sich im Laufe der Entwicklung von Beratung auch erste Hinweise auf das Verwandtschaftsverhältnis von Pädagogik und Beratung ergaben, so konnte dann im zweiten Kapitel Beratung als Form der Erziehung bzw. als Erziehungsmittel konstitutionstheoretisch bestimmt werden.

Im dritten Kapitel ging es dann erst allgemein um den Sonderwissensbestand der Pädagogik, also um die anthropologische Betrachtungsweise in der Pädagogik, um mit Hinblick auf das Wesen des Menschen aus pädagogischer Sicht Auskunft geben zu können. In diesem Sinne wird die Personagenese des Menschen als eine beständige Abfolge von Lernen, Lernhemmungen und Lernhilfen begriffen, und dieser Kreislauf „von der Wiege bis zur Bahre" ist mit phasenspezifischen Lernaufgaben angereichert, die der Mensch im Laufe seines Lebens bewältigen muss. Immer geht es bei dieser Bewältigung um Lernen, das sich entsprechend der spezifischen Lernaufgaben in Wissen-, Können- und Leben-Lernen ausdifferenziert und das – mal mehr und mal weniger – auf Lernhilfe angewiesen ist, um Lernhemmungen zu vermeiden oder zu überwinden.

Beratung als Erziehungsmittel

Erziehungsmittel (s. Abb. 3) sind vor diesem Hintergrund nichts anderes als Lernhilfen, also pädagogisch begründete Mittel, die darauf abheben, das Lernen des Menschen zu unterstützen und gegebenenfalls zu fördern. An dieser Stelle sei eine kurze Anmerkung erlaubt. Es hat sich eingebürgert, mit Hinblick auf die Handlungskompetenz von Pädagogen/Erziehern, von so genannten pädagogisch-therapeutischen Verfahren zu sprechen. In der berufbezogenen Ausbildung werden hier zumeist (psycho-)therapeutische Verfahren gemeint, die als lerntheoretische, psychodynamische, humanistische Interventionen in pädagogischen Handlungsfeldern zur Anwendung gebracht werden (Gasteiger-Klicpera, Julius u. Klicpera, 2008). Im Grunde ergibt sich hier die gleiche Situation wie mit der Beratung, denn pädagogisch-therapeutische Verfahren sind psychotherapeutische Verfahren, die durch die Anwendung in pädagogischen Zusammenhängen pädagogisch werden. Bis auf das Handlungsfeld und der pädagogisch ausgebildeten intervenierenden Person haben die pädagogisch-therapeutischen Verfahren allerdings nichts mit Pädagogik oder Erziehung zu tun, denn der Ausgangspunkt der konzeptuellen Überlegungen findet sich beim Therapeutischen. Dass dies auch anders gesehen werden kann, lässt sich beispielsweise bei Hillenbrand (2002) nachlesen. Hier wird nicht von Interventionen und damit von psychotherapeutischen Verfahren gesprochen, sondern von erzieherischem Handeln und konsequenterweise von Förderansätzen. Bei dieser Konzeptualisierung liegt der Schwerpunkt auf dem Erzieherischen bzw. dem Pädagogischen. Will man also überhaupt eine Unterscheidung mit Bezug auf das erzieherische Handeln und dessen Mittel vornehmen, dann die, dass zwischen Erziehungsmitteln, die das Lernen unterstützen, und Fördermitteln, die auf eine Lernhemmung fördernd einwirken mit dem Ziel, diese zu überwinden, unterschieden werden kann. So können beispielsweise das Spiel, die Musik, die Kunst gemäß der Einschätzung von Paul Moor (1962), wonach Heilpädagogik nichts anderes ist als Pädagogik, wenn auch unter erschwerenden Bedingungen, sowohl Erziehungs- als auch Fördermittel sein. Spiel, Musik und Kunst gibt es in pädagogischer Perspektive immer als *Erziehung durch* das Spiel, die Kunst und die Musik und *Förderung zum* Spiel, *zur* Kunst und *zur* Musik. Hierin unterscheidet sich die pädagogische Förderung von der psychologisch-medizinischen Therapie. Das Spiel, die Kunst und die Musik sind im pädagogischen Verständnis immer Ziel und Gegenstand der Förderung und nie nur Mittel zum therapeutischen Zweck.

Pädagogisch-therapeutische Verfahren und Fördermittel sind also im Grunde nichts anderes als Erziehungsmittel, die unter erschwerenden Bedingungen zur Anwendung kommen.

Disziplinäres Wissen	**Professionelles Handeln …**	
	… im Bereich der Pädagogik: *Erziehungsmittel*	… im Bereich der Sonderpädagogik: *Fördermittel*
Pädagogik des Spiels	Spielerziehung	Spielförderung
Pädagogik der Musik	Musikerziehung	Musikförderung
Pädagogik der Kunst	Kunsterziehung	Kunstförderung
Pädagogik der Bewegung	Bewegungserziehung	Bewegungsförderung
Pädagogik des Erlebnisses	Erlebniserziehung	Erlebnisförderung

Abb. 9: Zum Verhältnis von Erziehungs- und Fördermittel

Und in gleicher Weise verhält es sich mit pädagogisch begründeter Beratung.

Folgt man dieser Unterscheidung, dann kann man Beratung mit Fug und Recht als ein Fördermittel bezeichnen, also als ein grundlegendes Erziehungsmittel, das unter erschwerenden Bedingungen – im Zentrum der Beratung steht ja eine existentiell-drängende Fragestellung – zur Anwendung gebracht wird. Erst durch die erschwerenden Bedingungen, die durch die Entscheidungs- und Orientierungskrise hervorgerufen werden, wird das allgemeine erzieherische Gespräch (Dieterich, 1987; Lotzmann, 1973) – verstanden als ein Erziehungsmittel mit Hinblick auf die Unterstützung des selbsttätigen Lernens – zu Beratung als einem Fördermittel mit Hinblick auf Entscheidungsfindung im Kontext signifikanten Lernens.

Beratung als Lernprozess zu zweit

Pädagogisch begründete Beratung, kurz: Pädagogische Beratung, ist also ihrem Wesen nach Lernhilfe. Und diese Lernhilfe ist im Grunde, wie jede andere Lernhilfe auch, *stellvertretendes Lernen*, denn immer geht es darum, die Lernhilfe überflüssig zu machen, so dass Lernen aus eigener Kraft wieder stattfinden kann. Das signifikante Lernen während der Beratung kann innerhalb der Beziehung Ratsuchender/Berater verortet werden, denn Beratung ist in ihrem Kern nichts anderes als ein Ort, an dem das Problem des Ratsuchenden externalisiert zum Thema wird. Genau genommen zeichnet sich Beratung durch einen zweiphasigen Prozess aus. Der erste Teil dieses Prozesses läuft der eigentlichen Beratung voraus, denn es handelt sich hierbei um einen inneren Prozess des „sich mit sich Beratens". Erst wenn die Beratung mit sich selbst nicht zu einem erwünschten Ergebnis führt, die Ratlosigkeit weiterhin besteht und diese dann anerkannt wird, kann es in der zweiten Phase überhaupt zu einer Beratung im engeren Sinne kommen. Hierbei werden die Frage des Ratsuchenden und die Suche nach Antwort, die schon Gegenstand der Beratung mit sich selbst waren, in der beraterischen Situation gewissermaßen auf mindestens zwei Personen verteilt. Genau genommen findet die Fragestellung des Ratsuchenden ihren Platz im „Dazwischen", also im erst durch das konkrete Zusammenkommen des Ratsuchenden mit dem Berater entstehenden Raum. Dieser Raum gibt das pädagogisch relevante Feld ab, innerhalb dessen der Berater versucht, stellvertretendes Lernen zu initiieren. Die Ergebnisse des gemeinsamen Lernens werden dann vom Ratsuchenden auf Eignung geprüft und gegebenenfalls verwendet. Aus Sicht des Ratsuchenden kann pädagogische Beratung als ein Prozess der kurzfristigen Enteignung der eigenen Frage durch den Berater aufgefasst werden, um sich dann allerdings die durch das gemeinsame Lernen hervorgebrachten Erfahrungen mit Hinblick auf die Relevanz der Fragestellung wieder anzueignen.

Die Transformation von Lebensproblemen in Lernprobleme in der Beratung

An dieser Stelle wird nun deutlich, was den pädagogischen Berater von anderen Beratern unterscheidet: Es ist die systematische *Transforma-*

tion des Lebensproblems des Ratsuchenden in ein Lernproblem. Der Orientierungslosigkeit und der Entscheidungskrise angesichts einer zu treffenden Wahl ist aus pädagogischer Sicht gewissermaßen ein Lernbedarf eingeschrieben. Und genau hierauf zielen die Aufmerksamkeit und die pädagogischen Bemühungen des Beraters. Kann er diese Haltung nicht einnehmen und verkörpern, kann er zwar möglicherweise beraten, er berät dann allerdings nicht pädagogisch, denn erst die pädagogische Deutung im Modus des Lebenslaufs und des Lernens machen aus Beratung pädagogische Beratung. Und dementsprechend kann die zentrale orientierende Frage, die den pädagogischen Berater zu Beginn der Beratung leitet, folgendermaßen formuliert werden: Was muss oder sollte der Ratsuchende lernen? Die Fragestellung des Ratsuchenden und der Umgang mit ihr muss als ein Hinweis auf die Lerngeschichte und damit auf die zukünftigen Möglichkeiten des Lernens verstanden werden. Und es ist dann eine zentrale Aufgabe des Beraters – in diesem frühen Stadium der Beratung –, sein Verständnis des Lebensproblems dem Ratsuchenden mitzuteilen. Die Frage, die den Berater zunächst leitet, muss in diesem Sinne zu einer Frage des Ratsuchenden werden: Was muss oder sollte ich lernen (damit ich meine Frage für mich beantworten kann)?

Pädagogisches Verstehen in der Beratung

Nun ist die Transformation von Lebens- in Lernprobleme keine der Empirie enthobene Geisteshaltung oder dogmatische Überzeugung. Sie ist vielmehr getragen von der professionellen Einsicht, dass Beratung, wie jedes andere Erziehungsmittel auch, auf ein präzises *pädagogisches* Verständnis des Problems des Ratsuchenden angewiesen ist. Denn in Anlehnung an Moor (1974) gilt: Erst verstehen, dann beraten!

Dieses Verstehen wird bipolar zu Wege gebracht. Zunächst geht es in einem ersten Schritt um die *Rekonstruktion der Lerngeschichte* des Ratsuchenden. Es geht darum zu fragen, was hat der Ratsuchende bislang gelernt, mit welchen Lernaufgaben war er bisher konfrontiert, welche bisherigen Lernhemmungen haben sich eingestellt und welche Lernhilfen wurden mobilisiert. Häufig stößt man in der pädagogisch-diagnostischen Rekonstruktion auf Lern- und Entwicklungsaufgaben im *Dort und Damals* des Lebenslaufs, die nur ungenügend bewältigt wurden und deren unbewältigte Problemkonstellation im *Hier und Jetzt* der aktuellen Lebensgestaltung weiterhin wirksam ist. Im Grunde dient das skizzierte disziplinäre Deutungswissen der Rekonstruktion des *Erziehungsschicksals* des Ratsuchenden. Was gleichermaßen auch bedeutet, das Beziehungsschicksal, also die verinnerlichte Konstellation der bedeutungsvollen Anderen, mit zu erhellen, denn das Erziehungsschicksal ist mit dem Beziehungsschicksal auf das Engste verbunden. An dieser Stelle ergibt sich auch ein Hinweis auf die aktuellen Möglichkeiten der Beziehungsgestaltung zwischen Ratsuchendem und Berater. Am wirksamsten wird die Beratung dann sein, wenn es dem Berater gelingt, für den Ratsuchenden zu einer bedeutungsvollen Person zu werden, die ihn affektiv anspricht.

Genau genommen hebt das pädagogische Verstehen im Kontext von Beratung auf die Erhellung der *Entgleisungen des Erziehungs- und Beziehungsprozesses* ab. Auf die Momente im Lebenslauf also, in denen die eingeschriebenen Lernaufgaben nicht bewältigt wurden und die auf eine lern- und entwicklungshemmende Konstellation der bedeutungsvollen Anderen schließen lassen. Diese Momente geben einen Hinweis darauf, was in welcher Phase nicht gelernt wurde und ob das Nicht-Gelernte maßgeblich für die aktuelle Entscheidungskrise verantwortlich ist.

Die Bedeutung der Erzogenheit für die Beratung

Darüber hinaus ist die Rekonstruktion der Lerngeschichte deswegen von zentraler Bedeutung, weil sie auf die *Geschichte des Erzogenseins* verweist. Nach Prange (2008) lässt sich Erziehung in drei Phasen unterteilen, in die spezifische Formen des Erziehens und des Lernens eingebettet sind. Zunächst ist die *Haus- und Familienerziehung* zu nennen. Hier ist das Lernen auf die sinnfällig-anschauliche Praxis bezogen. Die Grundform des Lernens ist das Üben, und die Sachverhalte und Situationen, die eingeübt werden müssen, ergeben sich aus den Erfordernissen des familialen Zusammenlebens. Die ersten curricularen Kompetenzen werden durch die Familienerziehung erworben. Doch das, was zunächst für das heranwachsende Kleinkind einen Entwicklungsvorteil abgegeben hat, nämlich die Exklusivität der Haus- und Familienerziehung, wird bei voranschreitender Entwicklung zusehends zu einem

Entwicklungshemmnis. Zwar kann die Kindergartenzeit schon als eine Öffnung der Familienerziehung verstanden werden, doch wird mit dem Eintritt in die Schule die erzieherisch relevante zweite Phase markiert. Der doch überwiegend familienzentrierte Kosmos wird für die Welt draußen geöffnet. Mit der *Schulerziehung* vollzieht sich der Wandel von der partikularistischen Moral des Hauses zur universalistischen Moral einer Gesellschaft. Die Grundform der Erziehung ist die Belehrung und die Unterweisung, kurz: der Unterricht. Die Schule muss gewissermaßen zu einem „lebensfernen Ort" werden, an dem sich oder durch den sich die Welt in großem Stile zur Darstellung bringen lässt. Es ist gerade der Klassenraum, in dem dann die Dinosaurier, Amerika und die Welt der Buchstaben und der Zahlen entstehen können. Ziel der Schulerziehung ist es, die vergangene, gegenwärtige und die mögliche zukünftige Welt als Inbegriff von Sachverhalten begreiflich und gedanklich verfügbar zu machen, ihr Sinn und Bedeutung einzulegen und sie dadurch gewissermaßen lesbar – im Sinne von verstehbar und handhabbar – zu machen. Deswegen heißt schulischer Unterricht auch überwiegend Lesen und Schreiben lernen. Die Fähigkeiten, Fertigkeiten und Kenntnisse, die im Rahmen der Familien- und Schulerziehung erworben wurden, geben dann das Fundament für die *Selbsterziehung* als dritte erzieherische Phase ab. Im Rahmen der Selbsterziehung geht es darum, dass der Mensch nun in der Lage sein müsste, mit dem erworbenen Wissen und Können sein Leben in personaler Selbstbestimmung zu führen. Gleichwohl, wie auch die Entwicklungsstufen zum Erwerb der curricularer Kompetenzen gezeigt haben, findet auch im Rahmen der Selbsterziehung das Lernen nicht zum Ende. Vielmehr geht es jetzt weniger um Übung und Aneignung als um reflexiv-existentielle Thematisierung des Verhältnisses, das der Mensch zu sich selbst, zu anderen und zur Welt hat. Und der maßgebliche Kontext dieses Lernens ist die individuelle Lebensgeschichte im Rahmen eines individuellen Lebenslaufs unter der Prämisse eines unabschließbaren, weitergehenden Lernens. Ein Lernen, das sich entgegen des Lernens in der Familien- und Schulerziehung nicht nur aus den Entscheidungen zu einem neuen Anfang ergibt, sondern nun überwiegend aus den Konsequenzen der Entscheidungen.

Mündigkeit als zentrale Voraussetzung für Beratung

Die Dreiphasigkeit der erzieherischen Sphären eröffnet auch den Blick auf einen zentralen Begriff der Pädagogik und der Erziehung. Gemeint ist hier *Mündigkeit* als Ziel der Erziehung. Unter Mündigkeit ist im Anschluss an Kant (1878) die Fähigkeit des Menschen gemeint, das eigene Denken und Handeln selbst bestimmt und frei von äußeren Einflussnahmen nach Gründen der Vernunft gestalten zu können. Da Mündigkeit keine angeborene Fähigkeit ist, muss sie im Rahmen von erzieherischen Prozessen erworben werden. Hier ergibt sich eine paradoxe Situation, auf die Kant (ebd.) schon verwiesen hat: „Wie kultiviere ich die Freiheit bei dem Zwange" (S. 72). Das bedeutet, dass mündige Selbstbestimmung nur über anfängliche Fremdbestimmung zu haben ist. Es geht also zunächst um Familien- und Schulerziehung, deren Lernthemen häufig nicht dem Wunsche des Kindes entsprechen, die aber doch gelernt werden müssen, damit später dann vom Individuum auf dieses Gelernte zurückgegriffen werden kann. Dass Kinder lernen sollten, die Zähne zu putzen, sich dem Wetter entsprechend anzuziehen und auch zu arbeiten, also zu lernen, die eigenen Wünsche und Bedürfnisse zunächst zurückstellen zu können, um sich einer gestellten Aufgabe zuzuwenden, scheint unstrittig zu sein. Und ebenso die Tatsache, dass diese Lernthemen nicht selten auf den Unwillen des Kindes stoßen. Gleichwohl überlässt man dem Kind üblicherweise nicht die Wahl, ob es nun Zähne putzt, sich anzieht oder Hausaufgaben macht, weil man davon ausgeht, dass das Kind eben noch nicht in der Lage ist, nach vernünftigen Kriterien seine Situation einzuschätzen und dann eine vernunftbasierte Entscheidung zu treffen. Insofern werden die Lerngegenstände mehr oder weniger fremdbestimmt an das Kind herangetragen. Und erst das Lernen der Themen der Familien- und Schulerziehung ermöglicht im Rahmen der Selbsterziehung dann Mündigkeit. Was es für die Pädagogik und die Erziehung schwierig macht, ist, dass es die Mündigkeit als feststehender Zustand auf den sich die erzieherischen Bemühungen prospektiv richten, nicht gibt. Zwar lässt sich aus unterschiedlichen Zusammenhängen auf unterschiedliche formale Mündigkeitsstufen schließen. So ist zum Beispiel die Konfirmation oder die Kommunion im Alter von 12–14 Jahren ein Ritual, das das Kind in den Status eines vollwertigen Gemeindemitglieds transformiert. Ebenso kann mit Hinblick auf den Erwerb des passiven und aktiven politischen Wahlrechts, das im Allgemeinen – mit einigen Ausnahmen, denn im Bundesland Hessen kann nur derjenige gewählt werden, der das 21. Lebensjahr vollendet hat – mit dem 18. Lebensjahre erworben wird, von politischer Mündigkeit gesprochen werden. Ähnlich verhält es sich mit der vollen Geschäftsfähigkeit, die in Deutschland üblicherweise mit 18 Jahren erreicht wird. Davor spricht man von einer beschränkten Geschäftsfähigkeit und meint damit Kinder und Jugendliche im Alter von sieben bis 18 Jahren. Kinder, die jünger als sieben Jahre sind, sind geschäftsunfähig. Abschließend sei noch auf das für die Pädagogik und institutionalisierte Erziehung maßgebliche Kinder- und Jugendhilfegesetz verwiesen. Dieses Gesetz hält auch Angebote für junge Erwachsene bereit, und diese Altersphase wird nach diesem Gesetz bis zum 27. Lebensjahr gefasst.

Bleibt oberflächlich betrachtet Mündigkeit damit häufig vom Kontext abhängig und im Grunde variabel, kann aber aus pädagogischer Sicht gesagt werden, dass nach Abschluss der Familien- und der Schulerziehung und zu Beginn der Selbsterziehung die curricularen Kompetenzen des Menschen soweit ausgebildet sein sollten, dass ihm eine vernünftige, weitestgehend selbst bestimmte Lebensführung möglich sein sollte. Das heißt aber auch, dass Mündigkeit, die auf Lernen basiert, letztlich nur unter Zugrundelegung des individuellen Lebenslaufs rekonstruiert werden kann.

Beratung als Erziehungsmittel im Bereich der Selbsterziehung

Diese differenzierte Betrachtungsweise der Geschichte des Erzogenseins hat für Beratung, als ein Mittel der Erziehung, weit reichende Folgen. Denn es stellt sich die Frage, welcher Sphäre der Erziehung Beratung als Erziehungsmittel zugeordnet werden kann.

Die Antwort ergibt sich schon aus der Verortung von Beratung im pädagogischen Begründungszusammenhang. Pädagogisch begründete Beratung antwortet auf die Ratlosigkeit des Menschen und knüpft an seine Vernunftbegabung an. Das heißt, Beratung ist als ein Erziehungsmittel im Rahmen der Selbsterziehung zu verstehen, sie findet dementsprechend ihre Begründung in der, durch eine Entscheidungskrise partiell eingeschränkten, Mündigkeit des Ratsuchenden und zielt mittels Aufklärung auf die Wiederherstellung der personalen Selbstbestimmung. Insofern ist pädagogisch begründete Beratung auf Erzogenheit bzw. auf Gelerntes aus den Bereichen Familien- und Schulerziehung und damit auf Mündigkeit angewiesen.

Wenn Beratung nun also ein Erziehungsmittel abgibt, das im Rahmen der Selbsterziehung als nicht-direktive Hilfe zur Selbstorganisation des existenziell-signifikaten Lernens (Prange, 2008) genutzt werden kann, dann erfährt Beratung genau an der Differenzierung von Familien- und Schulerziehung einerseits und Selbsterziehung andererseits ihre Grenze.

Wurde eingangs darauf verwiesen, dass sich Beratung mit Hinblick auf ihre Adressaten an alle Lebensalter wendet, so muss diese Aussage vor dem Hintergrund der bisherigen Ausführungen eine Einschränkung erfahren. Beratung als Erziehungsmittel im Bereich der Selbsterziehung, die auf die Wiederherstellung einer partiell eingeschränkten Mündigkeit abhebt, kann sich nur an Altersklassen wenden, „die imstande sind, als Ratsuchende aufzutreten" (Mollenhauer, 1965, S. 29). Bei denen also die Familien- und die Schulerziehung ein Maß an Mündigkeit hervorgebracht hat, auf das sich die Beratung dann beziehen kann. Dieses (Mindest-)Maß an Mündigkeit ist im Allgemeinen ab dem Jugendalter ausgebildet. Und insofern können aus pädagogischer Sicht prinzipiell auch Jugendliche beraten werden, beziehungsweise kann von einer Jugendlichen-Beratung gesprochen werden.

Ob allerdings auch von einer Kinder-Beratung (Kraft, 2009b) gesprochen werden kann, bleibt mehr als fraglich. Dass sich Kinder in innerseelischen und zwischenmenschlichen Notlagen befinden und aufgrund dessen unterschiedliche Verhaltens- und Erlebensstörungen ausbilden können, bleibt selbstverständlich unwidersprochen. Ob es sich hierbei aber um eine spezifische Beratungsbedürftigkeit aufgrund der Orientierungslosigkeit, die eine unbeantwortete Fragestellung aufwirft, handelt, ist zu bezweifeln.

Dieser Sachverhalt muss allerdings nicht weiter beklagt werden, da Beratung sowieso nur *eine* Form pädagogischen Handelns darstellt. Das Grundsätzliche der professionell-pädagogischen Berufstätigkeit, auch und gerade in der erzieherischen und pädagogisch-therapeutischen Arbeit mit Kindern, bleibt die Transformation des Lebensproblems des Kindes in ein Lernproblem, um darauf bezogen durch erzieherische Mittel – wie dem Spiel, dem Arrangement und dem Erlebnis (Prange u.

Strobel-Eisele, 2006) – Lerngelegenheiten zu ermöglichen, die das Kind nutzen kann, das zu lernen, was es für die Bewältigung seiner aktuell schwierigen Lebenssituation benötigt. In dieser Perspektive steht nicht so sehr das Erziehungsmittel im Vordergrund als vielmehr die Frage, welches Wissen, Können und welche Haltungen es dem Kind erleichtern, mit seiner aktuell belastenden Situation umzugehen.

Zusammengefasst bedeutet dies, dass sich „Beratung für Kinder in Not" (Klees, 2001) überwiegend durch andere komplexe Formen pädagogischen Handelns realisiert als durch Beratung im engeren Sinne.

Zur pädagogischen Differentialindikation von Beratung

Der Einsatz von Beratung als ein Erziehungsmittel unterliegt demnach einer *pädagogischen Differentialindikation.* Denn ergibt sich aus der Rekonstruktion der Lerngeschichte, dass Lern- und Entwicklungsaufgaben unbewältigt geblieben sind, dann muss pädagogisch begründet werden, ob Beratung als Lernhilfe das richtige Mittel ist oder ob nicht zunächst andere Formen der erzieherischen Einwirkung angemessener sind, um das Problem des Ratsuchenden einer Lösung zuzuführen.

In diesen Zusammenhängen ist Beratung dann nicht das Hauptmittel der erzieherischen Einwirkung, wie man es beispielsweise aus der Erziehungsberatung als institutionalisierter Form psychosozialer Beratung kennt, sondern kann zu einem fruchtbaren Moment in einem Lernprozess werden, der überwiegend aber mit anderen komplexen Formen pädagogischen Handelns in Gang gebracht und aufrechterhalten werden soll. Ein sehr gutes Beispiel für einen solchen pädagogischen Zusammenhang gibt die pädagogische Arbeit im Rahmen einer Sozialpädagogischen Familienhilfe ab. Hier geht es häufig mehr um Übung, Arrangement und Gelegenheitserziehung, doch ergibt sich nicht selten aus der Übung oder dem Arrangement eine Fragestellung, der mit Beratung am sinnvollsten zu begegnen ist.

In gleicher Weise ist auch der Einsatz von Beratung in der offenen Jugendarbeit zu verstehen. Hier wird eher auf die pädagogische Form des Erlebnisses zurückgegriffen, doch ergeben sich hieraus ebenso nicht selten Fragestellungen, die die Jugendlichen beschäftigen, und der Sozialpädagoge kann dann beratend zur Seite stehen, wenn er die nicht selten verdeckte Anfrage versteht.

In diesen beiden beispielhaft angeführten Zusammenhängen, und es ließen sich noch die sonder-, schul- und erwachsenenpädagogischen Arbeitsfelder anführen, kommt Beratung eine ergänzende Funktion innerhalb der spezifisch intendierten Lernprozesse zu. Das heißt, beraterische Momente können sich aus der pädagogischen Praxis ergeben, sie müssen als solche erkannt werden und dann entsprechend gerahmt werden. Und das heißt nicht unbedingt, dem Jugendlichen einen Beratungstermin anzubieten, sondern beraterisch wirksam kann auch das Gespräch am Kicker oder beim Kochen mit einer Familie sein.

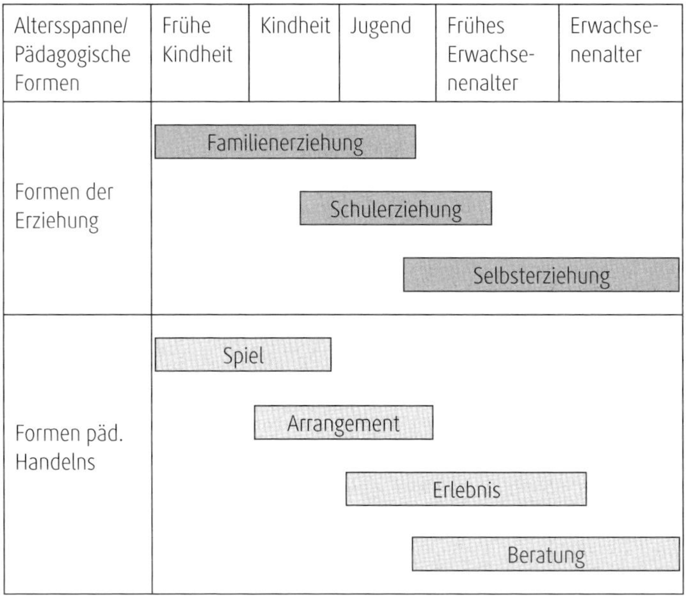

Abb. 10: Zum Verhältnis von Altersspanne, Formen der Erziehung und Formen pädagogischen Handelns

Kommt man allerdings nach der Rekonstruktion der Lerngeschichte zu der Feststellung, dass sowohl der Ratsuchende als auch sein Problem der Beratung zugänglich sind, dann stellt sich in einem zweiten Schritt die eingangs gestellte Frage nun individuell auf den Einzelfall bezogen noch einmal: Welcher Art muss das Lernen des Ratsuchenden sein, um sein Lernproblem zu lösen? Geht es um ein Informationsdefizit, das durch Wissensvermittlung aus dem Wege zu räumen ist, oder um nicht ausreichend entwickelte Fähig- und Fertigkeiten oder letztendlich um mehr oder weniger bewusste Haltungen und Einstellungen, die dem Menschen bei der Realisierung seines Lebens behindern?

Begreift man, wie ausgeführt, Beratung als ein Erziehungsmittel im Bereich der Selbsterziehung, wobei die Selbsterziehung überwiegend die Führung des eigenen Lebens zum Gegenstand hat, dann wird hier deutlich, dass Beratung dann das geeigneteste Erziehungsmittel abgibt, wenn es um Fragen des Leben-Lernens geht.

Selbstverständlich werden aber auch in der Beratung Lebensprobleme thematisch, die sich als Lernprobleme auf unbewältigte curriculare Aufgaben mit den damit einhergehenden Defiziten in den Bereichen Wissen und Können bzw. auf fortbestehende curriculare Konflikte aus früheren Entwicklungsphasen zurückführen lassen. Die daraus folgenden Lernhilfen kann Beratung nicht leisten, doch hat es sich beratungstechnisch als sehr hilfreich erwiesen, wenn die beraterischen Interventionen die Entwicklungs- und Lerndefizite mit berücksichtigen. John Heron (1990; vgl. auch Kraft, 2008) hat ein Kategorienmodell beraterischer Interventionen entwickelt, das sich ausgesprochen gut mit dem curricularen Entwicklungsmodell von Werner Loch zusammenbringen lässt. Heron (1990) unterscheidet sechs verschiedene beraterische Interventionsformen, die sich im Grunde spezifischen Entwicklungsphasen des Menschen zuordnen lassen. Zunächst sind hier die unterstützenden Interventionsformen („supportive interventions“) zu nennen, die dazu dienen, eine haltende Umgebung für den Ratsuchenden bereitzustellen. Interventionen aus diesem Formenkreis orientieren sich an der Funktion, die Eltern für ihren Säugling haben. Die katalytisch orientierten Interventionsformen („catalytic interventions“) unterstützen die Exploration des Ratsuchenden und knüpfen entwicklungsgeschichtlich an die Neugier des Kindes an. Hierauf folgen die kathartischen Interventionsmöglichkeiten („cathartic interventions“), die sich notwendiger Weise daraus ergeben, dass mit den erkundenden Versuchen des Ratsuchenden auch zwangsläufig Misserfolge verbunden sind. Die in diesen Zusammenhängen entstehenden Emotionen und Affekte gilt es zu artikulieren und zu reflektieren, so dass sie dem Lernen nicht hemmend entgegenstehen. Entwicklungslogisch sind nun die Interventionen zu nennen, die informativen Charakter („informative interventions") haben und den Ratsuchenden mit Wissen versorgen, und zwar so, dass er dieses Wissen für seine Lebenspraxis gut verwenden kann. Informative Interventionen orientieren sich am Lernen, wie es sich in der Schulerziehung zeigt und entwickelt werden soll. Mit fortschreitender Schulerziehung erwerben die Kinder und Jugendlichen immer mehr Wissen, das auf entsprechendes Können aufbaut, und es geht dann in ersten Schritten darum, sich auszuprobieren. Auf diese Entwicklungsstufe gründen sich die vorschreibenden Interventionen („prescriptive interventions"), als eine Form der Aufforderung, die darauf abhebt, Lernprozesse abzukürzen. Abschließend sind noch die Interventionen zu nennen, die einen konfrontativen Charakter haben („confronting interventions"). Diese Interventionen beziehen sich entwicklungslogisch auf das Jugend- und Erwachsenenalter und haben das Ziel, den Ratsuchenden mit einer außen stehenden Perspektive zusammenzubringen, die in der Lage ist, bisher nicht Erkanntes – aus welchen Gründen auch immer – zu thematisieren. Konfrontative Interventionen beziehen sich auf die Fähigkeit des Menschen, relevante Elemente der Fremdwahrnehmung aufzunehmen und mit diesen zu lernen.

So attraktiv und sinnvoll das Interventionsmodell von Heron (ebd.) auch ist, immer bleibt festzuhalten, dass Beratung eben kein Breitbanderziehungsmittel darstellt und die skizzierten Interventionsformen im Grunde dazu dienen, einen beraterisch angeleiteten Lernprozess im Bereich der Selbsterziehung auf den Weg zu bringen und ihn aufrecht zu erhalten. Wo grundlegend Erzogenheit und Mündigkeit fehlt, kann nicht beraten werden. Dann sollte Beratung darauf hinwirken, dass dem Ratsuchenden die Lernmöglichkeiten erschlossen oder eröffnet werden, durch die er das lernen kann, was er für die Lösung seines Lernproblems braucht.

Doch allein das gemeinsame Bemühen um Klärung dieser Fragestellungen mittels der Rekonstruktion des Erziehungsprozesses im Rahmen eines lebensgeschichtlichen Gesprächs in und durch die Beratung ist als kritische Aufklärung zu verstehen. Sie stellt den Rat suchenden Menschen wieder in einen Sinn- und Bedeutungszusammenhang und ermöglicht ihm dadurch, sich wieder selbst als Autor der eigenen Lebensgeschichte zu erfahren.

3.3.1 Exkurs: Psychoanalyse und Pädagogik

Nimmt man etwas Abstand und schaut dann auf die Ausführungen über den Lebenslauf und das Lernen, über die Rekonstruktion der Lerngeschichte und des Erzogenseins und über das Erziehungs- und Beziehungsschicksals, dann ergeben sich aus Sicht der pädagogischen Theorie und der erzieherischen Praxis interessante Parallelen zur Psychoanalyse, denen hier nur stichpunktartig nach gegangen werden soll.

Das Verhältnis von Psychoanalyse und Erziehung war schon seit Beginn der Psychoanalyse ein sehr leidenschaftliches und kontrovers diskutiertes (Bittner & Ertle, 1985). Zum einen sind die Psychoanalytiker auch heute noch nicht müde, die psychoanalytische Praxis kategorial der erzieherischen Praxis gegenüber zu stellen. Begründet wird diese Haltung damit, dass die Psychoanalyse ja die Aufklärung und Befreiung des Subjekts von inneren und äußeren Zwängen zum Ziel habe. Erziehung hingegen ziele im Grunde nur auf eine Reproduktion der gesellschaftlichen Verhältnisse ab, die das Individuum weiterhin repressiv in Unfreiheit halte.

Weiterhin assoziiert man mit Pädagogik und Erziehung in Psychoanalytikerkreisen häufig Besserwisserei und eine als Drohung völlig missverstandene Zeigefingerpädagogik. Das Schlimmste, was einem Psychoanalytiker von Kollegen entgegengebracht werden kann, ist die Aussage, sein Denken und Handeln sei unanalytisch, was meist nichts anderes heißt, als dass es als manipulativ, agierend, auffordernd, unterstützend – eben als erzieherisch – wahrgenommen wird.

Blickt man allerdings in das Werk von Sigmund Freud, muss man zum anderen feststellen, dass in nicht wenigen Textstellen die psychoanalytische Kur als eine Art Nacherziehung des erwachsenen Neurotikers aufgefasst wird. So schreibt Freud schon 1905, dass die psychoanalytische Behandlung über weite Strecken „ein Stück Erziehungsarbeit" (Freud, 1905a, S. 25) darstelle und allgemein als „Nacherziehung zur Überwindung innerer Widerstände" (ebd., S. 25) angesehen werden muss. In den Vorlesungen zur Einführung in die Psychoanalyse führt Freud (1916) dann weiter aus, dass man mit Recht sagen könne, „die psychoanalytische Behandlung sei eine Art von Nacherziehung" (S. 469). Und mit Hinblick auf die Rolle des Psychoanalytikers macht Freud (1919) deutlich, dass es in Zukunft wohl nicht zu vermeiden wäre, „auch Patienten anzunehmen, die so haltlos und existenzunfähig sind, dass man bei ihnen die analytische Beeinflussung mit der erzieherischen vereinigen muß, und auch bei den meisten anderen wird sich hie und da eine Gelegenheit ergeben, wo der Arzt als Erzieher und Ratgeber aufzutreten genötigt ist. Aber dies soll jedes Mal mit großer Schonung geschehen, und der Kranke soll nicht zur Ähnlichkeit mit uns, sondern zur Befreiung und Vollendung seines eigenen Wesens erzogen werden" (S. 190).

Das heißt, die psychoanalytische Behandlung baut in gleicher Weise wie die Beratung auf Erzogenheit auf bzw. setzt diese voraus. Und so ist die Psychotherapie bei Personen nicht anwendbar, „die sich nicht selbst durch ihre Leiden zur Therapie gedrängt fühlen (…) (Freud, 1905, S. 21). Denn es sei „die Erziehbarkeit" (ebd., S. 21), auf die die psychoanalytische Behandlung – will sie erfolgreich sein – angewiesen ist. Und in seinem Vorwort zu August Aichhorns „Verwahrloste Jugend" weist Freud (1977) darauf hin, dass man bei Menschen, denen es an einem gewissen Maß an Mündigkeit und Erzogenheit mangelt, „etwas anderes machen (muss) als Analyse, was dann in der Absicht wieder mit ihr zusammentrifft" (S. 8). Logischerweise formuliert Anna Freud (1927) für die psychotherapeutische Arbeit mit Kindern, die ja per definitionem noch nicht das Maß an Mündigkeit und Erzogenheit hervorgebracht haben, das für eine psychoanalytische Beeinflussung Voraussetzung ist, dass der Kindertherapeut in seiner Person zwei Aufgaben vereinigen muss: „Er muß analysieren und erziehen (…)" (S. 72).

Ebenso verhält es sich mit dem Hauptgeschäft des Psychoanalysierens, der Rekonstruktion des Triebschicksals des Patienten, die sich durch die Rekonstruktion der Familienverhältnisse des Neurotikers ergibt (Freud, 1905b). Obwohl Freud (1896) von der Verführungstheorie Abstand nahm bzw. nehmen musste und die Triebtheorie (Freud, 1905c) als ein intrapsychisches Konfliktgeschehen zwischen Ich, Es und Über-Ich vor dem Hintergrund unbewusster, vorbewusster und bewusster Seelenbereiche konzeptualisierte, war, ist und bleibt die psychoanalytische Theorie eine interpersonelle Theorie. Sie kann auch gar keine andere sein, will sie als Humanwissenschaft gelten, da der Mensch nun mal immer als Dritter geboren wird und, wie bereits gezeigt wurde, sein Lebenslauf vor der Geburt schon beginnt. Und selbst der Trieb innerhalb der Triebtheorie, dessen biologische Basis nicht geleugnet werden darf, ist sozial geformt, denn er sucht die Befriedigung am Objekt, das eben in Gestalt von bedeutungsvollen anderen Personen in Erscheinung tritt. Also auch hier bestehen verwandtschaftliche Beziehungen zwischen Triebschicksal und Erziehungsschicksal verstanden als Beziehungsschicksale.

Und je mehr sich die Psychoanalyse von einer Ein-Personen- über eine Zwei-Personen- bis hin zur Mehr-Personen-Psychologie (Balint, 1949) entwickelte, umso mehr standen auch die psychoanalytischen Interventionen im Zentrum des Interesses. Galt zunächst nur die Übertragungsdeutung (Strachey, 1934) als einzig wahre psychoanalytische Intervention, bei der der Psychoanalytiker ausschließlich als Spiegel fungierte, wurden in der Folgezeit zusehends auch Interventionen entwickelt, die dem Patienten eine korrigierende emotionale Erfahrung ermöglichen sollten. Unter Berücksichtigung der Übertragungs-/Gegenübertragungsdynamik wird heute der Arbeit in und an der Beziehung größte Bedeutung zugesprochen. Es scheint allerdings so zu sein, dass die Modifikationen der psychoanalytischen Technik immer noch sehr mit vorsichtiger Zurückhaltung innerhalb der psychoanalytischen Gemeinschaft kommuniziert werden. Denn Offensichtlich besteht weiterhin eine Angst, als unanalytisch, nicht mehr als Psychoanalytiker zu gelten, wenn man diese Gedanken allzu freimütig äußert. Es scheint so, also finde eine Verschiebung der Thematik in die Bereiche „Psychotherapie struktureller Störungen“ (Rudolf, 2004) und „Kinder- und Jugendlichenpsychotherapie“ (Seiffge-Krenke, 2007) statt. Hier ist es dann möglich, angstfrei über die pädagogische und erzieherische Dimension psychoanalytischer Theorie und Praxis zu reden. Dass Balint (1934) die Psychoanalyse als „Ich-Pädagogik“ (S. 244) aufgefasst hat und sich diese Bezeichnung nach seiner Auffassung nur deshalb nicht durchgesetzt hat, weil mit Pädagogik immer nur eine restriktive Über-Ich-Pädagogik zusammengebracht wurde, scheint im aktuellen Diskurs einer völligen Amnesie anheim gefallen zu sein.

Im Übrigen hat die Verhaltenstherapie hier überhaupt keine Berührungsängste, und so entsteht der Eindruck, dass die traditionsreichen Erkenntnisse pädagogischer Theorie und erzieherischer Praxis unter dem Etikett „Psychoedukation“ und „Training“ ohne Probleme von der Verhaltenstherapie eingemeindet werden können.

Die seltsam anmutende Zurückhaltung der Psychoanalytiker mit Hinblick auf Pädagogik und Erziehung verwundert umso mehr, wenn man sich darüber hinaus zum einen die Erkenntnisse der Psychotherapieforschung vergegenwärtigt, die methodologisch und methodisch hoch gerüstet angetreten ist und weiterhin so betrieben wird. Hans Hermann Strupp, bis zu seinem Tod im Jahr 2006 einer der führendsten Psychotherapieforscher, hat mit Hinblick auf die Wirkung und gegenstandsbezogene Einordnung von Psychotherapie resümierend festgehalten, dass Psychotherapie dann am erfolgreichsten ist, und dies gilt für jede psychotherapeutische Richtung, wenn sie einem „elterlichen" oder „erzieherischen" Modell folgt (Strupp, 1986). Ein pädagogischer Begründungszusammenhang wäre der Psychotherapie angemessener als die Vorstellung von Psychotherapie als einem Medikament, das dann selbstverständlich im Bereich der Medizin verortet werden müsste. Zum anderen setzt sich, durch rekonstruktive Forschung gestützt, im sozialwissenschaftlichen Verständnis immer mehr die Überzeugung durch, dass Psychotherapie als eine spezifische Form der Wissensvermittlung angesehen werden kann (Kühnlein, 2002).

Nimmt man diese Hinweise ernst, dann wäre es zum einen mehr als fahrlässig, die Erkenntnisse der Pädagogik zu ignorieren. Und mit Hinblick auf die Entwicklung der Kinder- und Jugendlichenpsychotherapie würde man darüber hinaus völlig übersehen, dass ohne Pestalozzi, der 1770 das erste Armenhaus gründete, das Waisenkinder aufnahm, Fröbel, der 1816 ein erstes Erziehungsheim eröffnete, Wichern, der mit der Gründung des „Rauen Hauses" zur Rettung verwahrloster Kinder beitrug und letztlich ohne Georgens und Deinhardts Veröffentlichung ihres Werkes „Heilpädagogik mit besonderer Berücksichtigung der Idioten und Idiotenanstalten" im Jahre 1861, das heißt, ohne die Beteiligung maßgeblicher Pädagogen, eine Kinder- und Jugendlichenpsychotherapie wahrscheinlich so gar nicht zu Stande gekommen wäre, denn es waren Pädagogen, die sich zuerst den Kindern und Jugendlichen zuwandten, die man heute als verhaltens- und erlebensgestört in psychotherapeutische Behandlung überweisen würde. Im Bereich Psychotherapie geht es im Grunde nur dann ohne Pädagogik, wenn man deren Erkenntnisse psychologisch und medizinisch eingemeindet. Und zum anderen lassen diese Hinweise nicht zu, die Psychotherapie ausschließlich der Medizin oder der Psychologie zuzuordnen. Es wäre auch denkbar, Psychotherapie als Sonderform der erzieherischen Praxis auszuweisen. Darüber hinaus hat die vorherrschende medizinische und psychologische Zuständigkeit für Psychotherapie für an Universitäten ausgebildete Pädagogen nicht unerhebliche Auswirkungen. Noch ist es möglich, durch ein pädagogisches Hochschulstudium die Zugangsvoraussetzungen zu einer psychotherapeutischen Weiterbildung nach dem Psychotherapeutengesetz zu erfüllen. Aufgrund eines aktuellen Forschungsgutachtens zur Ausbildung von Psychotherapeuten (Strauß, 2009) wird allerdings gefordert, dass nur noch solche nicht-medizinische und nicht-psychologische Studiengänge zur Aufnahme einer psychotherapeutischen Weiterbildung berechtigen, die klinisch-psychologische Wissensbestände in nicht unerheblichem Ausmaß vermitteln. Diese Schlussfolgerung ist angesichts der skizzierten Überlegungen nicht nachzuvollziehen. Das Gegenteil ist der Fall. In den psychotherapeutischen Ausbildungskatalog müssten vielmehr vermehrt pädagogische Wissensbestände aufgenommen werden.

4

Professionelles Wissen

Die Kenntnis vom disziplinären Deutungswissen ist zwar eine notwendige, keinesfalls aber hinreichende Voraussetzung, um professionell pädagogisch beraten zu können. Das Wissen allein um die Probleme des Ratsuchenden hilft ihm noch lange nicht, diese zu lösen. Und genau an dieser Stelle entscheidet es sich, ob der gute Pädagoge auch ein guter Erzieher ist. Denn so mancher kann zwar ein brillianter Erziehungstheoretiker sein und scheitert doch an der konkreten erzieherischen Praxis. Bollnow (1978) bemerkt hierzu treffend: „Aber wer die Wissenschaft gelernt hat, wer unter Umständen sogar im Stande ist, seine Wissenschaft (etwa als Professor) zu lehren, ist darum noch nicht imstande, diese Wissenschaft als Arzt, Richter oder Staatskundiger anzuwenden. Wer die Theorie beherrscht, ist darum noch nicht brauchbar für die Praxis“ (S. 30). Und umgekehrt ist mancher „geborene Erzieher“ (Spranger, 1958) häufig nicht in der Lage, seine Praxis theoretisch zu durchdringen und im Nachhinein zu begründen.

Dieser Umstand ist darin begründet, dass wir seit Aristoteles die Welt, in der wir leben, in zwei Teilwelten unterscheiden können. Aristoteles (1999, 2005) spricht zum einen von der Welt, die sich auf die durch die Menschen hervorgebrachte Veränderlichkeit bezieht, und zum anderen von der Welt des Notwendigen, des Unveränderlichen und des Immerwährenden. Diese Welt ist charakterisiert durch naturwüchsig ablaufende Prozesse, durch Bestimmbarkeit, durch stete Formen (Bollnow, 1959), durch die Dominanz des Entweder-/Oder-Prinzips und durch die Möglichkeit, dass theoretische Operationen der Praxis vorauslaufen können. Theorie verfährt in dieser Welt subsumtionslogisch. In jüngster Vergangenheit hat Oevermann (2000) diese Welt als „nicht-sinnstrukturierte Welt" (S. 439) bezeichnet und stellt sie der „sinnstrukturierten Welt" (S. 439), also der Welt, die auf die von Menschen hervorgebrachte Veränderlichkeit abhebt, gegenüber. Diese Welt hingegen zeichnet sich durch Unbestimmbarkeit und unstete Formen aus und folgt dem Sowohl-als-auch-Prinzip. In dieser Welt ist „die Praxis viel älter als die Theorie" (Schleiermacher, 1826, S. 11). Und insofern verfahren die theoretischen Ausführungen hier im Modus der Rekonstruktionslogik. Diese Welt unterstellt menschlichem Erleben und Handeln grundlegende Sinnhaftigkeit, die sich rekonstruieren lässt.

Gemeinsam ist sowohl der sinnstrukturierten als der nicht-sinnstrukturierten Welt die Gliederung in drei voneinander getrennte gesellschaftliche Teilsysteme. Hierzu zählt ersten die Lebenspraxis, die die routine- und krisenhafte Alltagspraxis der Menschen beschreibt, zweitens die wissenschaftliche Geltungsbegründung und drittens schließlich die verwissenschaftlichte Lebenspraxis, die Bezug auf die beruflich-professionellen Tätigkeiten nimmt.

Die nicht-sinnstrukturierte Welt beschäftigt sich im Rahmen der skizzierten Teilsysteme überwiegend mit naturwissenschaftlich zu beschreibenden Phänomenen. Das heißt, auf der Ebene der Lebenspraxis geht es ganz basal um praktische dezentrierte Naturerfahrung. Die Ebene der wissenschaftlichen Geltungsbegründung widmet sich der experimentellen Naturforschung und die Ebene der verwissenschaftlichten Lebenspraxis zielt auf die ingenieuriale Wissensanwendung des naturwissenschaftlichen Wissens.

Im Gegensatz zur nicht-sinnstrukturierten Welt hat die sinnstrukturierte Welt erfahrungs- und sozialwissenschaftlich zu beschreibende Phänomene zum Gegenstand. Hier ist die Ebene der Lebenspraxis durch anthropomorphe Erkenntnis charakterisiert. Die wissenschaftliche Geltungsbegründung zielt auf die erfahrungswissenschaftliche Erforschung der sinnstrukturierten Phänomene, und die Ebene der verwissenschaftlichten Lebenspraxis kann als Ort professionalisierter interventionspraktischer Wissensanwendung ausgewiesen werden.

	Sinnstrukturierte Welt	Nicht-Sinnstrukturierte Welt
Wissenschaft	• Sozialwissenschaftlich zu beschreibende Phänomene • Erfahrungswissenschaftliche Sozialforschung	• Naturwissenschaftlich zu beschreibende Phänomene • Experimentelle Naturforschung
Verwissenschaftlichte Lebenspraxis	• Interventionspraktische Wissensanwendung • Vermittlung von allgemeinem wissenschaftlichem Wissen und Einzelfall • Nicht-Standardisierbarkeit	• Ingenieuriale Wissensanwendung • Unvermittelte Anwendung wissenschaftlichen Wissens auf den Einzelfall • Standardisierbarkeit
Lebenspraxis	• Anthropomorphe Erkenntnis	• Dezentrierte Naturerfahrung

Abb. 11: Die „Welten" und die Teilsysteme (in Anlehnung an Oevermann, 2000)

Legt man diese Kategorisierung zu Grunde, dann kann zunächst festgestellt werden, dass sich Pädagogik als wissenschaftliche Disziplin im Feld Wissenschaft im Bereich der sinnstrukturierten Welt verorten lässt. Die berufsmäßige Beschäftigung mit Erziehung ist dann folgerichtig in der verwissenschaftlichten Lebenspraxis ebenfalls in der sinnstrukturierten Welt anzusiedeln. Daraus folgt, dass es professionelle Erziehung immer mit der Vermittlung von allgemeinem wissenschaftlichem Wissen und Einzelfall zu tun hat. Diese Vermittlungsleistung lässt sich – im Gegensatz zur ingenieurialen Wissensanwendung – nicht standardisieren. Und Beratung als Erziehungsmittel zeichnet sich demzufolge durch eine interventionspraktische Wissensanwendung aus, die sich wie jede andere Form erziehungspraktischer Tätigkeit einer Standardisierung konstitutionstheoretisch widersetzt. Pädagogisch-beraterisches Handeln erweist sich damit als gegenteiliger Modus einer ingenieurialen Wissensanwendung. So kann sich der Flugzeugingenieur und der Bauingenieur darauf verlassen, dass die Gesetze der Aerodynamik bei jeder Flugzeugkonstruktion und die Gesetze der Statik bei jedem Brückenbau zu Grunde gelegt werden können, und es ist dann – zumindest was die physikalischen Gegebenheiten anbelangt – nicht dem Einzelfall überlassen, ob sich das Flugzeug in die Lüfte erhebt oder die Brücke tragfähig ist.

Das Wesen der pädagogischen Beratung als Interventionspraxis bzw. als interventionspraktische Wissensanwendung, die ihren Ausdruck in der Vermittlungsaufgabe zwischen allgemeinem disziplinärem Deutungswissen auf der einen Seite und individueller Situation des Ratsuchenden auf der anderen Seite findet, macht erst professionelles Wissen und Können notwendig. Denn an dieser Stelle wird die aristotelische Unterscheidung in Praxis und Poiesis wirksam. Aristoteles (2006) meint mit Praxis mehr oder weniger die Lebenspraxis und all die Phänomene, die sich in der sinnstrukturierten Welt zeigen. Praxis ist unbestimmt, selbstbezogen, zukunftsoffen und lässt sich nur im Nachhinein verstehen. Poiesis hingegen meint ein zweckgebundenes Handeln. Und dieses Handeln ist eher ein technisches, also eines, das planbar ist und mehr der nicht-sinnstrukturierten Welt zugeordnet werden kann. Beratung in einem poietischen Sinne wäre zum Beispiel der Rat, wie ein Produkt am besten hergestellt werden kann, und ist unbedingt auf die Fachkenntnis des Beraters mit Hinblick auf den hervorzubringenden Gegenstand angewiesen. Beratung, die sich auf Probleme der (Lebens-) Praxis bezieht, dient in erster Linie der Urteilsbildung durch den Ratsuchenden mit Hinblick auf eine ihn beschäftigende Fragestellung. Und hier ist eben eine Vermittlungsleistung zu vollbringen, die sich dem Berater in poiestischen Zusammenhängen so nicht stellt.

Um diese Vermittlungsleistung zu Wege zu bringen, ist der pädagogische Berater auf professionsspezifisches Wissen/Können angewiesen. Dieses Wissen ist im intermediären Bereich von Theorie und Praxis angesiedelt, lässt sich damit nicht nur als Wissen, sondern auch als Können, letztendlich eigentlich als Kunstfertigkeit ausweisen. Und es ist dann genau diese Kunstfertigkeit, die aus einem guten Pädagogen/Erziehungswissenschaftler einen guten Erzieher/Pädagogen – und damit auch einen guten pädagogischen Berater – macht.

Diese Erziehungskunst lässt sich grob durch sechs Perspektiven beleuchten und fassen.

4.1 Theorie und Praxis, oder: die pädagogische Differenz in der Beratung

Es ist also klar geworden, dass sich pädagogisch begründete Beratung durch ein spezifisches Theorie-Praxis-Verhältnis auszeichnet. Dieses ist für die Pädagogik im Allgemeinen nichts Neues und eigentlich auch nicht als Grundproblem aufzufassen (Böhm, 1995), denn schon Aristoteles (2006) hat auf einen Sachverhalt hingewiesen, der gleichermaßen für die Medizin und die Pädagogik gilt: „Die individuelle Erziehung ist der gemeinschaftlichen sogar überlegen, wie es bei der Medizin der Fall ist. Allgemein nämlich ist für Menschen, die Fieber haben, Ruhe und fasten zuträglich, für einen bestimmten Menschen aber nicht“ (S. 339). Das heißt nichts anderes, als dass der pädagogische Berater durch seine Ausbildung, durch Weiterbildung und reflektierte Berufserfahrung potentiell in der Lage sein könnte, im Modus seines Deutungshorizontes die Komplexität des Einzelfalls annähernd zu verstehen, er aber immer damit rechnen muss, dass seine Verstehens- und Interventionsroutinen einem spezifischen Ratsuchenden eben nicht gerecht werden. Spranger (1962) spricht in diesem Zusammenhang von dem Gesetz der ungewollten Nebenwirkungen in der Erziehung und meint damit, dass die grundlegende strukturelle Unbestimmbarkeit der erzieherischen Einwirkungen – ähnlich der ärztlichen Praxis – immer auch Nebenwirkungen haben kann, die so nicht intendiert waren und sich auch nicht vorhersagen lassen.

Es war aber Herbart (1802), der das scheinbare Grundproblem konzeptualisierte und eine für die Pädagogik weit reichende Differenzierung einführte, die als Vorläufer einer modernen (pädagogischen) Professionstheorie gelesen werden kann und die heute immer noch gilt. In seinen Vorlesungen über Pädagogik führt Herbart (ebd.) aus: „Unterscheiden Sie zuvörderst die Pädagogik als Wissenschaft von der Kunst der Erziehung“ (S. 43). Bis heute ist die Differenz von pädagogischer Theorie und erzieherischer Praxis die zentrale Signatur der Pädagogik als Disziplin und als Profession. Und Beratung hat es, als komplexe Form pädagogischen Handelns, ebenfalls mit dieser „pädagogischen Differenz“ (Prange & Strobel-Eisele, 2006, S. 14), also mit der Differenz von allgemeinem theoretischem Wissen und dem praktischen Einzelfall, zu tun.

Pädagogisch-beraterisches Handeln ist und bleibt damit Handeln unter Ungewissheit. Und damit diese Ungewissheit nicht zu einem Dauerproblem des beratenden Erziehers wird, bedarf es einer praktischen Operation, um zwischen Theorie und Praxis zu vermitteln.

4.2 Pädagogischer Takt, oder: der beraterische Habitus

Es bedarf also eines professionellen Mittelglieds, das es ermöglicht, zwischen der Theorie des Berufs und der Praxis seiner Ausübung zu vermitteln, um damit die Ungewissheit handhabbar zu machen. Dieses Mittelglied wird seit Herbart (1802) in der Pädagogik als Takt beschrieben: „Nun schiebt sich aber bei jedem noch so guten Theoretiker, wenn er seine Theorie ausübt, (...) zwischen die Theorie und Praxis ganz unwillkürlich ein Mittelglied ein, ein gewisser Takt nämlich, eine schnelle Beurteilung und Entscheidung, die nicht wie der Schlendrian, ewig gleichförmig verfährt, aber auch nicht, wie eine vollkommen durchgeführte Theorie wenigstens sein sollte, sich rühmen darf, bei strenger Konsequenz und in völliger Besonnenheit an die Regel, zugleich die wahre Förderung des individuellen Falls ganz und gar zu treffen“ (Herbart, 1802, S. 44). Professionelles Handeln zeichnet sich also durch eine spezifische Haltung aus, die es ermöglicht, die allgemeinen theoretischen Wissensbestände der Pädagogik mit einem spezifischen Einzelfall in der Weise zusammenzubringen, dass zum einen hieraus – ohne permanente Thematisierung – die Handlungsfähigkeit des Erziehers gewahrt und dass zum anderen das wechselseitige Bedingungsverhältnis von Theorie und Praxis in der professionellen Situation ausbalanciert bleibt.

Da der Takt die hauptsächliche Funktion hat, Handlungsfähigkeit angesichts des Theorie-Praxis-Verhältnisses zu sichern, hat Tenorth (1986) den Takt prägnant als das zentrale Symbol „für das Problem, in Situationen der Ungewißheit und des Risikos ohne die Möglichkeit einer eindeutigen Abstützung im wissenschaftlichen Wissen und daher ohne technologische Lösung der Aufgabe dennoch handlungsfähig zu bleiben" (S. 295 ff.), skizziert.

Takt bezeichnet in diesem Sinne das *Repertoire und die Verfügbarkeit von berufsrollenbezogenen Routinen und berufsfeldspezifischen Deutungsmustern* und äußert sich nach Muth (1967) als Situationssicherheit, als dramaturgische Fähigkeit, als improvisatorische Gabe und als Wagnis zu freien Handlungsformen. Ein taktvoller Erzieher und Berater ist damit in der Lage, eine gelassene Haltung einzunehmen, die ihn offen hält „für das, was unvorhersehbar auftritt" (ebd., S. 77). Und gerade die Unvorhersehbarkeit des Verlaufs einer Beratung zwingt den Berater dazu, die entstehenden Phänomene kreativ-dramaturgisch zu rahmen. In seiner Schrift über die Seele des Erziehers vergleicht Kerschensteiner (1965) den Lehrer mit einem gestaltenden Künstler, dem es darauf ankommt, etwas Neues hervorzubringen. Und genau das hat ja Beratung zum Ziel: Generierung alternativer Sichtweisen und Sinn- und Bedeutungszuschreibungen, denn die bisherigen Routinen haben sich angesichts der sich stellenden Frage als dysfunktional erwiesen. Aus der Notwendigkeit, kreativ zu sein, ergibt sich auch die Forderung an den Berater, spielen zu können. Und das bedeutet, mit Sprache, Gedanken, Gefühle und Handlungen spielerisch umzugehen. Denn erst im Sprachspiel (Wittgenstein, 2008) können dysfunktionale Muster identifiziert und durch alternative Verknüpfungen ersetzt werden. Der Berater muss sich also eine spielerische Haltung bewahren oder wieder aneignen. Denn auch für den Berater gilt das, was Winnicott (1991) für den Psychotherapeuten festgestellt hat: „Wenn ein Psychotherapeut nicht spielen kann, ist er für diese Arbeit nicht geeignet" (S. 54). Und er begründet seine Aussage mit der Bedeutung, die das Spiel für eine gesunde seelische Entwicklung des Menschen hat. Aus seiner Sicht ist Psychotherapie im Grunde eine „hochdifferenzierte Art des Spielens im

Dienste der Kommunikation des Patienten mit sich selbst und anderen“ (ebd., S. 38). Ist der Berater gelassen genug, dem unvermeidlich Unvorhersehbaren neugierig entgegen zu sehen und den entstehenden Phänomenen dramaturgisch-spielerisch zu begegnen, dann fällt es ihm auch nicht schwer, Vertrauen in den Verlauf des Beratungsprozesses zu setzen, was auch heißt, sich möglicherweise auch einmal auf Irrwegen zu befinden und diese dann nicht als lästig zu empfinden, sondern als Möglichkeit zu lernen.

Den vier skizzierten Fähigkeiten, die einen guten Berater ausmachen, sind weiterhin vier elementare Annahmen eingeschrieben. Erstens: Die Verbindlichkeit der Sprache. Das heißt, der Berater muss sprachlich so gebildet sein, dass er die zur Beratung stehenden Themen und die damit zusammenhängenden Gefühle und Gedanken des Ratsuchenden angemessen zur Sprache bringen bzw. versprachlichen kann. Zweitens: Die Natürlichkeit des Handelns. Auf der einen Seite muss es dem Berater möglich sein, sein beraterisches Handeln im Sinne einer „Seins-Autorität“ (Fromm, 1976) zu verwirklichen und nicht im Sinne einer „Habens-Autorität“ (ebd.) künstlich zu kultivieren: „Der springende Punkt ist, ob man Autorität *hat* oder ob man eine Autorität *ist*“ (S. 298). Eine beraterische Autorität *sein* basiert auf Kompetenzen und „auf der Persönlichkeit eines Menschen, der ein hohes Maß an Selbstverwirklichung und Integration erreicht (hat)“ (ebd., S. 299). Autorität zu *haben* gründet sich überwiegend auf äußere Zeichen und auf Insignien der Macht, die die eigentliche Kompetenz ersetzen. Auf der anderen Seite ergibt sich die Notwendigkeit, ein beraterisches Handeln zu realisieren, das die Fragestellung des Ratsuchenden „angemessen erschließt und sie nicht durch sich selbst (gemeint ist hier der Berater, O.H.) oder durch gekünstelte methodische Spitzfindigkeiten verstellt und um ihr Wesen bringt“ (Muth, 1967, S. 41). Natürlichkeit des Handelns heißt in diesem Sinne, dass sich der Berater mit seinen narzisstischen Bedürfnissen zurücknimmt, denn es geht nicht um ihn, sondern um den Ratsuchenden mit seiner Fragestellung. Drittens: Die Vermeidung von Kränkungen. Im allgemein-menschlichen Umgang zeichnet sich der Taktvolle dadurch aus, dass er andere Menschen nicht verletzt, kränkt, demütigt, entwertet usw. Der pädagogische Berater hat sich ebenfalls nach dieser Maxime zu richten, und es gelingt ihm am besten dadurch, dass er sich die Asymmetrie der beraterischen Situation vergegenwärtigt und sich mehr an der Beratungsbedürftigkeit des Ratsuchenden orientiert als an seinem Veränderungspotential. Viertens: Die Wahrung der im pädagogischen Bezug notwendigen Distanz. Distanz dient der eigenen Selbstvergewisserung des Beraters mit Hinblick auf seine Rolle, denn so sehr dieser mit dem Ratsuchenden die gleiche Ebene, die gleiche Sprache, „den gleichen Herzschlag finden soll" (ebd., S. 58), nie darf er völlig gleich werden. Die Vermeidung eines Distanzverlustes und die Aufrechterhaltung einer Differenz ermöglichen erst den beraterisch begleiteten Lernprozess.

Das heißt, für den pädagogischen Berater ist die Ausbildung eines spezifischen Takts der Dreh- und Angelpunkt für hilfreiche Beratung. Und gerade wegen der immensen Bedeutung, die dem Takt im beraterischen Handeln zukommt, ist es umso ärgerlicher, dass sich dessen Ausbildung einem direkten Training und einer direkten Einflussnahme entzieht.

Taktvolles beraterisches Handeln entwickelt sich zum einen überwiegend im Tun, also dadurch, dass der Berater berät. Zum anderen aber muss dieses praktische beraterische Tun eine Vorbereitung durch die Theorie erfahren haben, denn nur diese Vorbereitung durch die Wissenschaft kann dafür sorgen, dass das beraterische Handeln nicht der Beliebigkeit anheim fällt. Die vorbereitende Theorie sorgt dafür, dass der tätige Berater dann in der Lage ist, seine Praxis, die ja überwiegend durch Routinen oder besser: durch den Takt als Regenten der Praxis bestimmt ist, im Nachhinein theoretisch begründen und sie so zu einer bewussteren machen zu können. Hierzu noch einmal Herbart (1802): „Im Handeln nur lernt man die Kunst, erlangt man Takt, Fertigkeit, Gewandtheit, Geschicklichkeit; aber selbst im Handeln lernt die Kunst nur der, welcher vorher im Denken die Wissenschaft gelernt, sie sich zu eigen gemacht, sich durch sie gestimmt und die künftigen Eindrücke, welche die Erfahrung auf ihn machen sollte, vorbestimmt hatte" (S. 45).

Beraterischer Takt entsteht also dadurch, dass sich das erworbene wissenschaftliche Wissen mit der Praxis brechen muss. Und aus der wiederholten und regelmäßigen Reflexion und Bearbeitung dieser Brechung kann sich dann taktvolles beraterisches Handeln heraus bilden.

4.3 Pädagogischer Bezug, oder: das beraterische Arbeitsbündnis

Wie schon bereits angedeutet, ist professionelle pädagogische Beratung auf ein Arbeitsbündnis zwischen Ratsuchendem und Berater angewiesen. Um beraten zu können, bedarf es der Bindung des Ratsuchenden an die Struktur der pädagogisch-beraterischen Situation. Zunächst ist festzuhalten, dass die beraterisches Situation eine grundlegende asymmetrische Situation ist. Aus pädagogischer Sicht kann diese Asymmetrie und deren Handhabung folgendermaßen skizziert werden: Üblicherweise befindet sich der Ratsuchende in einer (Entscheidungs-)Krise, deretwegen er eine Beratung aufsucht. Der Berater ist von der Krise des Ratsuchenden nicht persönlich betroffen. Er versucht nun, diese Asymmetrie produktiv im Sinne des Ratsuchenden zu nutzen, in dem er sich nicht primär an der Vernunftbegabung und der Lern- und Bildungsfähigkeit der Ratsuchenden orientiert, da dann zumeist Manipulation und Zudringlichkeit das Handeln bestimmen, sondern vielmehr an der Beratungsbedürftigkeit, um so Machtmissbrauch und Manipulation vorzubeugen. Für die Heilpädagogik hat Paul Moor (1974) diesen Sachverhalt prägnant auf den Punkt gebracht: „Nicht gegen den Fehler, sondern für das Fehlende" (S. 20). Also nicht nach technokratischen Lösungen für das Problem zu suchen und dem Ratsuchenden in diesem Sinne Ratschläge zu applizieren – das wäre eine Form poiestischer Beratung –, sondern gemeinsam mit dem Ratsuchenden herauszufinden, was er braucht, um dieses oder jenes verändern oder aufgeben zu können.

Die Konstituierung eines Arbeitsbündnisses nimmt dementsprechend ihren Ausgang in der Anerkennung der eigenen Ratlosigkeit durch den Ratsuchenden. Das bedeutet, dass auf der einen Seite der Ratsuchende anerkennt, dass er etwas lernen möchte oder muss, das ihm hilft, seine Entscheidungskrise zu bewältigen bzw. seine Frage zu beantworten. Auf der anderen Seite verpflichtet sich der Berater, Lernangebote und Lernmöglichkeiten entstehen zu lassen, deren Nutzung dem Ratsuchenden bei der Bewältigung seiner Probleme hilfreich sein könnten. So bald dies geschehen ist, ist auch die Beratung beendet.

Das beraterische Lehr-/Lernbündniss (Hechler, 2005) ist also getragen durch die *Anerkennung der Ratlosigkeit bei gleichzeitiger freimütiger*

Neugier auf Seiten des Ratsuchenden und durch die *Bemühungen um stellvertretendes Lernen mittels hörendem Zeigen* auf der Seite des Beraters. Freimütige Neugier bedeutet nichts anders, als dass es dem Ratsuchenden gelingen muss, Interesse an seinem Lernen und seiner Lernhemmung aufzubringen und sich hierüber auch mitteilen möchte. Es kann vordringliche Aufgabe des Beraters sein, mit dem Ratsuchenden zunächst an diesem so verstandenen Arbeitsbündnis zu arbeiten. Denn erst die Konstitution dieser Struktur ermöglicht prinzipiell beraterische Lernprozesse. Bringt der Ratsuchenden allerdings keine Neugier für sich und seine Fragestellung auf, die über das bloße Interesse an fremdbestimmter Beseitigung der eigenen Ratlosigkeit nicht hinausreicht, ist wieder zu fragen, ob das Lebensproblem richtig gedeutet wurde oder aber, ob Beratung das angemessene Erziehungsmittel darstellt.

Der Berater hingegen muss die Fähigkeit aufbringen, den Erzählungen des Ratsuchenden zuzuhören und mit seinen auf die Erzählungen des Ratsuchenden bezogenen eigenen Erzählungen etwas aufzeigen zu können, was vorher (noch) nicht bekannt war. Dieses Neue kann zu einer Anreicherung und Erweiterung der (Selbst-)Erzählung des Ratsuchenden führen und damit die Ratlosigkeit auflösen.

Des Weiteren gibt das Konzept des Pädagogischen Bezugs mit Hinblick auf das pädagogisch-beraterisch Arbeitsbündnis und dessen Gestaltung durch den Berater deutliche Hinweise. Folgt man Nohl (2002), dann ist die Haltung des Erziehers zum einen gekennzeichnet durch die strukturelle Gleichzeitigkeit „von der Mutterliebe und der Vaterführung“ (S. 174), und zum anderen setzt sie ein „leidenschaftliche(s) Verhältnis (...) zu einem werdenden Menschen“ (S. 169) voraus.

Was in den Worten Nohls etwas antiquiert und romantisch klingt, hat aber für die professionelle Haltung des pädagogischen Beraters weiterhin Orientierungsfunktion.

Der Berater muss sowohl einen Halt gebenden und Sicherheit vermittelnden Rahmen schaffen und aufrechterhalten, in dem sich der Ratsuchende mit seiner beschädigten Mündigkeit freimütig seinen Fragen zuwenden kann. Die Beratung wird so zu einem Ort, an dem die Alltagskonventionen – soweit dies der Ratsuchende zulassen kann und will – partiell suspendiert werden können, um auch das zur Sprache zu bringen, was den Ratsuchenden bewegt, das er aber vielleicht aufgrund von Scham oder ähnlich hemmenden Affekten bisher nicht äußern konnte. In diesem Sinne können die unterstützenden Interventionsformen, die Heron (1990; siehe 3.4) skizziert hat, hilfreich sein.

Ebenso müssen Lernimpulse initiiert und dem Ratsuchenden zugemutet werden. Denn die zentrale Aufgabe pädagogischer Beratung ist es ja, ein Lernen zu befördern, das den Ratsuchenden darin unterstützt, seine Fragestellung für sich zu beantworten und die für ihn relevanten Entscheidungen zu treffen.

So betrachtet, lässt sich die Haltung des pädagogischen Beraters als eine „Pendelbewegung zwischen einfühlender, identifikatorischer Nähe und distanzierend-reflektierendem und objektivierendem Erkennen" (Overbeck, 1995, S. 168 ff.) beschreiben.

Darüber hinaus ist anzunehmen, dass professionelle Beratung nicht ohne eine wie auch immer zu beschreibende „Leidenschaft" für diese Tätigkeit und die damit verbundenen Menschen zu denken ist. Das von Nohl als leidenschaftlich bezeichnete Verhältnis zwischen Erzieher und Zögling lässt sich in Anlehnung an Weber (1987) auch als die Fähigkeit des Beraters zur „sachorientierten Leidenschaft" fassen. „Sachorientierte Leidenschaft" meint das Zusammenwirken von diffusen und spezifischen Beziehungselementen im pädagogischen Bezug bzw. im pädagogischen Arbeitsbündnis. Das heißt, dass der Berater sowohl Rollenträger ist als auch Projektionsfläche für Beziehungserwartungen, die der Ratsuchende unbewusst an den Berater heranträgt. Dem Berater muss es möglich sein, zwischen den Beziehungsanteilen zu unterscheiden und gegebenenfalls, mit Hinblick auf die Fragestellung des Ratsuchenden, den einen oder den anderen Teil mal mehr oder mal weniger zu gewichten. So kann es sein, dass bei unterschiedlichen Interventionen, wie zum Beispiel beim empathischen Verstehen, ein Beziehungsmodus, hier der diffuse, die Beziehungsgestaltung dominiert. Gleichwohl muss immer im Sinne der Sachorientierung geprüft werden, ob die Beziehung und die Gestaltung durch den Berater, denn dieser hat hierfür die Verantwortung, der Sache dienlich ist. Am Ausbalancieren einer sachorientiert-leidenschaftlichen Haltung werden auch zuerst Deprofessionalisierungstendenzen deutlich, denn dann entwickelt sich Beratung entweder zu einem technologischen, hier steht dann die spezifische Sachorientierung im Vordergrund, oder zu einem diffus-familialen Unterfangen, bei dem die „Leidenschaft" das Handeln bestimmt.

Zusammenfassend kann also festgehalten werden, dass pädagogische Beratung ohne die Konstituierung eines pädagogischen Arbeitsbündnisses nicht gelingen kann. Das, was Sünkel (1996) für den Unterricht als Form pädagogischen Handelns herausgearbeitet hat, die Tatsache nämlich, dass der Unterricht aus der Frage der Kinder hervorgeht, gilt in gleicher Weise für Beratung als Hilfe zur (Selbst-)Erziehung. Es ist die Anerkennung der eigenen Ratlosigkeit durch den Ratsuchenden, die ihn seine Frage, gewissermaßen als Anfrage an den Berater, formulieren lässt. Und es ist die Beratung, die auf die Frage antwortet.

Die Pädagogik als Disziplin und die Erziehung als Profession wissen allerdings um strukturelle und kontextbezogene Sachverhalte, die die Entfaltung pädagogischer Professionalität einschränken oder gar verunmöglichen. So kann am Beispiel der Schulpädagogik deutlich herausgearbeitet werden, dass die Schulpflicht die professionelle Ausgestaltung von Unterricht stark beeinträchtigt und die Konstituierung und Aufrechterhaltung eines Arbeitsbündnisses immens erschwert (Oevermann, 1996).

Im Bereich der Beratung lassen sich ähnliche, allerdings unterschiedlich ausgeprägte Strukturmomente finden. Denn von Beratung wird auch häufig dann gesprochen, wenn die Gespräche in einem so genannten Zwangskontext (Conen, 2005) stattfinden. Pädagogische Tätigkeitsbereiche sind nicht selten in gesellschaftliche Rahmenbedingungen eingebunden, die gesetzlich geregelt sind. Prominenteste Beispiele für solche Regelungen sind im Bereich der Kinder- und Jugendhilfe der Paragraph 8a SGB VIII zur Verbesserung des Kinderschutzes, der Paragraph 219 StGB, der eine Schwangerschaftskonfliktberatung vor einem Schwangerschaftsabbruch vorsieht, und der Paragraph 16 SGB II, der auf die mögliche Verordnung von psychosozialer Beratung im Rahmen der ALG II-Gesetzgebung hinweist. Darüber hinaus kennt jeder Erzieher Interaktionszusammenhänge, sei es im Rahmen eines Hilfeplangesprächs oder weniger formal: In Gesprächen mit Eltern, Kindern und Jugendlichen, in denen der Gesprächspartner als unmotiviert gekennzeichnet werden kann.

Genau genommen können solche Gespräche nicht als Beratung bezeichnet werden. Fertsch-Röver (2010) hat am Beispiel der Gesprächsführung mit Eltern bei Verdacht auf Kindeswohlgefährdung analytisch scharf zwischen den Gesprächselementen Beratung und Abklärung unterschieden. In der Praxis werde allerdings diese Unterscheidung oftmals nicht getroffen und versucht, so Fertsch-Röver (ebd.), das Format Abklärung mit den bekannten (Gesprächs-)Mitteln der Beratung zu bewältigen. Vorausgesetzt bzw. unterstellt wird hierbei, dass sich die Eltern bereits in eine Klientenposition begeben haben und „dass mit dieser Positionierung die Eltern zum Ausdruck bringen, dass sie ein Anliegen haben (...)" (ebd., S. 7). Selbst in Gesprächssituationen, die man auf den ersten Blick als Beratungssituationen deklarieren würde, findet häufig kurzfristig oder auch auf lange Strecken gar keine Beratung statt, da sich entweder die Frage des Ratsuchenden nicht klar formulieren lässt oder sich diese aber dem zeigenden Zugriff des Beraters dadurch entzieht, in dem immer neue Fragestellungen aufgeworfen werden.

In der überwiegenden Zahl von Gesprächen in einem Zwangskontext oder mit unmotivierten Gesprächspartnern findet in der ersten Zeit keine Beratung statt, sondern etwas anderes, nicht weniger wichtiges. Damit Beratungsprozesse aber auch in solchen Kontexten entstehen können, bedarf es der Vorbereitung mit anderen pädagogischen Mitteln und des Bemühens des Beraters um eine mögliche Fragestellung des zukünftigen Ratsuchenden, die in der gemeinsamen Beratung einer Klärung zugeführt werden kann (Conen u. Cecchin, 2007).

4.4 Pädagogische Ethik, oder: die Moral der Beratung

Die Frage nach der Ethik der Pädagogik und damit auch die Frage nach den ethischen Grundlagen pädagogischer Beratung konfrontieren den Pädagogen, Erzieher und Berater immer auch mit der Legitimationsgrundlage seiner Praxis. Brumlik (2004) hat hier deutlich gemacht, dass Erziehung, da sie sich als anthropologischer Tatbestand erweist (s. Kapitel 2), im Grunde nicht legitimationsbedürftig ist, wohl aber die erzieherischen Praktiken, also die Formen pädagogischen Handelns. Wie lassen sich also die pädagogischen Eingriffe, zu denen ja auch die Beratung als komplexe Form pädagogischen Handelns gehört, ethisch begründen? Zunächst muss man sich im Klaren darüber sein, dass erzieherische Handlungen, je nach Kontext und nach den Erfordernissen des konkreten Einzelfalls, unterschiedlichen ethischen Sphären angehören können. Im Grunde lassen sich drei ethische Bereiche benennen, die für erzieherisches Handeln relevant sind. Erstens geht es um eine *praktische Ethik*. Diese ist dann gefragt, wenn bei Menschen praktische Alltagsunterstützung erforderlich ist und diese ganz oder teilweise von Erziehern/Pädagogen geleistet wird. Es stellt sich hierbei immer die Frage, wie auch die alltagspraktische Unterstützung im Sinne von Lernen begriffen werden kann oder wo auch genau die Grenze zum möglichen Lernen verläuft. Häufig überschneiden sich Elemente der praktischen Ethik mit Elementen einer *advokatorischen Ethik*. Diese kommt dann als Reflektionsgrundlage zum Tragen, wenn stellvertretend die Interessen des zu Erziehenden ganz oder teilweise wahrgenommen und vertreten werden. Dies ist zumeist der Fall bei Kindern und auch teilweise bei Jugendlichen und hängt eng mit der Frage der Mündigkeit (s. Kapitel 3) zusammen. Darüber hinaus stellen sich zum einen advokatorisch-ethische Fragen insbesondere in der erzieherischen Arbeit mit geistig behinderten erwachsenen Menschen. Hier muss immer wieder das Verhältnis von biologischem Alter und den damit zusammenhängenden Mündigkeitsvorstellungen und den kognitiven Einschränkungen, die sich aus der geistigen Behinderung ergeben, thematisiert werden, um vor dem Hintergrund der Thematisierung die erzieherischen Einwirkungen planen und legitimieren zu können. Zum anderen ist die advokatorische Ethik auch in den erzieherischen Situationen gefragt, in denen der (erwachsene) Mensch den Erzieher/Pädagogen beauftragt, stellvertretend partielle Interessen für ihn zu vertreten. Hier bewegt sich erzieherisches Handeln dann in der Nähe zum anwaltlichen Handeln. Die ethische Sphäre, die aber für die Beratung relevant wird, kann als *konsultative Ethik* bezeichnet werden. Allgemein gesprochen steht hier der Erzieher/Pädagogen dem Menschen mit Rat (und eben weniger mit Tat, die auf die praktische und/oder advokatorische Ethik verweisen würde) zur Seite. Und dieser Mensch hat sich aus freien Stücken an den Berater gewandt, um eine für ihn relevante Fragestellung zu erörtern, zu besprechen oder zu verhandeln. Die konsultative Inanspruchnahme eines Beraters setzt, wie schon gezeigt wurde, Mündigkeit bei Ratsuchenden voraus. Denn es ist gerade diese Mündigkeit, die zwar partiell eingeschränkt ist, die aber im Grunde erst die Anfrage an den Berater ermöglicht. Wenn also im Weiteren von der Moral der Beratung gesprochen wird, dann ist damit ausschließlich die Sphäre der konsultativen Ethik gemeint.

Die häufig vorgebrachte Annahme, dass ein Gespräch ja nicht schade, zeugt von Unkenntnis der (asymmetrischen) beraterischen Situation. Auch wenn sich von Seiten des Beraters so manches einfach dahin sagen lässt, so muss stets die Verfasstheit des Ratsuchenden berücksichtigt werden. Denn das, was für den Berater vielleicht nur so nebenbei gesagt wurde, wird vom Ratsuchenden als bedeutsam und vielleicht auch als Aufforderung und/oder Wertung begriffen.

Auch das beraterische Gespräch muss vom Grundsatz ausgehen, dass es dem Ratsuchenden nicht schaden darf. Da Beratung aber eine nicht-standardisierte, personenbezogene Dienstleistung darstellt und damit keine vorherige Absicherung im technischen Sinne möglich ist, bleibt dem Berater nichts anderes übrig, als sich diesem Ziel „nach bestem Wissen und Gewissen" zu nähern.

Nach „bestem Wissen" verfährt der Berater, in dem er sich sowohl um den aktuellen Stand der gegenstandsbezogenen wissenschaftlichen Diskussion als auch um die Aneignung der „best practice" im Bereich Beratungshandeln bemüht. Dieses Bemühen lässt sich durch kollegiale Beratung, Supervision, Fort- und Weiterbildung und interessierte Lektüre der einschlägigen Literatur zu Wege bringen. Da Beratung ja ein theoriegeleitetes Unterfangen darstellt, zielt die Forderung, nach „bestem Wissen" zu handeln, auf das Wissens und Können des Beraters, für dessen Erwerb, Erhalt und Weiterentwicklung dieser verantwortlich gemacht werden kann.

Nach „bestem Gewissen" zu beraten gestaltet sich schon schwieriger. Zwar bietet hier auch das gegenstandsbezogene, wissenschaftliche Wissen und die theoretisch aufbereiteten, systematisierten und damit verfügbar gemachten Beratungserfahrungen in Form von „Leitlinien" eine erste Orientierung, doch findet dieses Wissen und Können genau an der Stelle ihre Grenze, an der es der Berater mit dem leibhaftigen Ratsuchenden zu tun hat. Denn häufig ist das Lebensproblem des Ratsuchenden so überkomplex, dass es das verfügbare Wissen und Können des Beraters zunächst überfordert.

Damit aus ethischer Sicht im Interesse des Ratsuchenden doch noch gut beraten werden kann, hat sich die Orientierung an drei Forderungen, die sich an den Berater richten, als ausgesprochen hilfreich erwiesen: Beratung muss *verständlich, zumutbar* und *anschlussfähig* sein (Prange, 2005). Das heißt, Beratung sollte in der Weise verfahren, dass die Argumente und Interventionen des Beraters inhaltlich einsichtig, nachvollziehbar und plausibel sind. Sie müssen in der Weise formuliert werden, dass der Ratsuchende sie auch versteht. Und zwar so versteht, dass er darauf Bezug nehmen kann und das vom Berater Gesagte gegebenenfalls auch zurückweisen kann. Ein beratungswirksamer Diskurs entsteht eben nur dann, wenn die Möglichkeit zur Metakommunikation gegeben ist. Was voraussetzt, dass es der Berater auch darauf anlegt, vom Ratsuchenden verstanden zu werden.

Darüber hinaus müssen die Interventionen weiterhin darauf geprüft werden, ob sie dem Ratsuchenden – bei aller Plausibilität und Rationalität – auch zugemutet werden können, denn es geht nicht um die schöne Form der Intervention, sondern darum, ob die Intervention vom Ratsuchenden, vor dem Hintergrund seines Lernstands und seiner Lerngeschichte, auch nützlich verwendet werden kann. Der pädagogischen Diagnostik kommt hier besondere Bedeutung zu, da sie für den Berater einen Rahmen bereit stellt, innerhalb dessen er seine Interventionen begründet auswählen kann, so dass es eben nicht zu einer Über- oder Unterforderung des Ratsuchenden kommt.

Der Ratsuchende wird dann am besten etwas mit den Interventionen des Beraters anfangen können, wenn sie neben der Verständlichkeit und Zumutbarkeit auch einen direkten Bezug auf seine Fragestellungen nehmen. Es gilt also immer – und dies unterscheidet Beratung auch vom Unterricht – sich auf die ausgesprochene Frage des Ratsuchenden zu beziehen und dem Ratsuchenden anzubieten, ihn bei der Beantwortung dieser Frage zu unterstützen. Hat der Berater den begründeten Eindruck, dass es neben dem ausgesprochenen Anliegen weitere unausgesprochene Fragstellungen gibt, die aus Sicht des Beraters thematisiert werden sollten, muss dies mit dem Ratsuchenden besprochen werden. Denn es ist der Ratsuchende, der zunächst bestimmt, was für ihn Thema ist.

Die Praxis der pädagogischen Beratung muss sich an diesen Maßgaben orientieren. Gleichsam beinhaltet diese Orientierung noch keinen wirksamen Schutz gegen missbräuchliche Verwendung. Das heißt, die Maßgaben bieten sich auch dann an, wenn es der Berater, aus welchen

Gründen auch immer, auf Manipulation des Ratsuchenden abgesehen hat.

Ethisch wirksam werden sie erst dadurch, wenn man auf die ihnen eingeschriebenen moralischen Gebote achtet: „(...) das Gebot der Achtung in der Maßgabe der Zumutbarkeit, das Gebot der Wahrheit in der Maßgabe der Verständlichkeit und das Gebot der Freiheit in der Maßgabe der Anschlussfähigkeit" (Prange, 2005, S. 149). Verpflichtende ethische Prinzipien pädagogisch-beraterischen Handelns sind also erstens die *Achtung vor und Anerkennung der Person des Ratsuchenden*. Achtung und Anerkennung im erzieherischen Verhältnis sind nicht gleichzusetzen mit dem Begriff und dem Konzept der Wertschätzung, wie es im Bereich der Pädagogik oft artikuliert wird und sogar als Handlungsmaxime der Gesprächspsychotherapie dient. Es ist davon auszugehen, dass der Berater nicht jeden Ratsuchenden mit seinen ihm eigentümlichen Verhalten komplett wertschätzen kann. Neben der Unmöglichkeit einer solchen allumfassenden Wertschätzung wäre diese auch für den Ratsuchenden keine wirkliche Hilfe. Vielmehr geht es darum, dass es dem pädagogischen Berater möglich sein muss, eine Person mit ihrem Verhalten und Erleben anzuerkennen, was dann nichts anderes bedeutet als die Anerkennung der Differenz. Wertschätzung tendiert im Gegensatz zur Anerkennung aber gerade zur Einebnung der Differenz. Die Fähigkeit des Beraters, spezifisches Verhalten eines Ratsuchenden nicht wertzuschätzen – und hierauf hat der Ratsuchenden sogar ein Recht – und gleichzeitig die Person, die dieses Verhalten zeigt, anzuerkennen, trägt Veränderungspotential in sich. Denn erst durch den Akt der Anerkennung und durch die damit zusammenhängende Thematisierung der Differenz eröffnen sich Entwicklungs- und Veränderungsmöglichkeiten.

Als zweites ethisches Prinzip gilt die *Orientierung an Wahrheit* in dem Sinne, dass der Ratsuchende ein Recht darauf hat, sowohl sachlich richtig beraten zu werden, als auch darauf, dass der Berater wahrheitsbegründet Stellung bezieht. Der Sachverhalt, dass Beratung als ein Erziehungsmittel im Bereich der Selbsterziehung aufgefasst wird und sich damit ausdrücklich an einen mündigen Menschen wendet, beinhaltet eben auch, den Ratsuchenden aufzufordern, sich mit Wahrheiten auseinanderzusetzen. Auch mit jenen, die für ihn vielleicht nicht erfreulich sind oder die er bei seinen bisherigen Abwägungen so noch nicht wahrgenommen hat. Dementsprechend gestaltet sich auch die Rolle des Beraters. Gefragt ist hier der Berater als „kritischer Zeitgenosse" (Münchmeier, 1998), der das Realitätsprinzip verkörpert.

Das dritte ethische Prinzip, das *Gebot der Freiheit,* gestattet es dem Ratsuchenden, dem Rat oder der Urteilsbildung zu folgen. Oder eben auch nicht. Beratung zeichnet sich gerade dadurch aus, dass der Ratsuchende immer die Freiheit hat – trotz oder gerade wegen der Beratung – sich so oder anders zu entscheiden. Und es ist ein Zeichen professioneller Deformation, wenn es dem Berater nicht gelingt, trotz der hilfreichen Orientierung an den ethischen Prinzipien, ein Maß an Gelassenheit hervorzubringen und aufrechtzuerhalten, dass dem Ratsuchenden die prinzipielle Entscheidungsfreiheit zugesteht. Gleichwohl können solche Schwierigkeiten auch Hinweise darauf sein, dass Beratung eben nicht das angemessene Erziehungsmittel ist. Um dies herauszufinden, ist das berufsbezogene, lebensgeschichtliche (Selbst-)Gespräch eine Möglichkeit, die eigenen Anteile an der Wahrnehmung des Ratsuchenden zu erkunden und gegebenenfalls zu korrigieren. Können hier keine Hinweise gefunden werden, sollte die Lebensgeschichte des Ratsuchenden noch einmal unter pädagogischer Sicht dahingehend betrachtet werden, ob erstens ein Lernproblem vorliegt und, wenn ja, ob zweitens Beratung die angemessene Lernhilfe abgibt.

Durch die Orientierung an den handlungspraktischen Maßgaben und den diesen eingeschriebenen Geboten wird Beratung zu einem Erziehungsmittel im besten Sinne, denn sie realisiert das, was das grundlegende Anliegen der Pädagogik ist: Beratung unterstützt Individuen und Gruppen in der Entwicklung selbst bestimmter und rational begründeter Entscheidungs-, Handlungs- und Urteilfähigkeit.

4.5 Pädagogische Tugenden, oder: die beratungsspezifischen Eigenschaften

In der abendländischen Tradition ist von sieben Tugenden die Rede. Vier von ihnen, Klugheit (phronesis, prudentia), Mut (andreia, fortitudo), Gerechtigkeit (dikaiosyne, iustitia) und Mäßigung (sophrosyne, temperantia), haben ihren Ursprung in der antiken Philosophie und können durch Übung, also durch oftmaliges Wiederholen des Guten, erworben werden. Die anderen drei, Glaube (pistis, fides), Liebe (agape, caritas) und Hoffnung (elpis, spes), stammen aus dem Christentum und sind von Gott gegeben. Tugenden dienen dem Menschen als Maßregeln für sein Verhalten, formulieren die ethischen Ansprüche des Einzelnen an sich selbst und können als Orientierungshilfen für die Realisierung eines „guten", bejahenswerten und tüchtigen Lebens dienen. Inwieweit dieser „klassische" Tugendkatalog auch heute noch zeitgemäß ist und orientierungsstiftende Funktion hat, wird kontrovers diskutiert. Gleichwohl scheint aber die Bedeutung der Tugenden für die Pädagogik – und umgekehrt gilt ebenso: die Bedeutung der Erziehung für den Erwerb der Tugenden – aufgrund der ihnen eingeschriebenen Entfaltungspotentiale mit Hinblick auf die Ziele der erzieherischen Bemühungen und auf den Zusammenhang von Bildung und einem glückendem Leben weiterhin aktuell (Brumlik, 2002; Aristoteles, 2006).

Im Bereich professionellen Handelns sind Tugenden der spezifischen professionellen Grundhaltung zuzuordnen und füllen den Raum, den zum einen die wissenschaftliche Theorie und zum anderen die interventionstechnischen Fähig- und Fertigkeiten leer lassen. Tugenden helfen, ein „guter" Arzt, Erzieher, Anwalt oder Pfarrer zu sein, in dem sie Ansprüche an den Professionellen stellen, deren Entsprechung hilfreich für den Patienten, Edukanten und Mandanten ist. In diesem Sinne sind die pädagogischen Tugenden eng mit der Vorstellung eines pädagogischen Takts, eines pädagogischen Bezugs und einer pädagogischen Ethik verbunden. Die Idee eines pädagogischen Tugendkatalogs, der Auskunft über vorteilhafte Eigenschaften eines Erziehers gibt, scheint im Transformationsprozess der philosophisch geprägten (geisteswissenschaftlichen) Pädagogik zur Erziehungswissenschaft in den 1960er Jahren und den in den 1990er Jahren einsetzenden, eher technokratisch geformten, Professionalisierungsbemühungen aufgegeben worden zu sein. Im Grunde zielt die hochschulwissenschaftliche Ausbildung von Erziehern (Diplompädagogen) und Lehrern nicht mehr auf die „Seele des geborenen Erziehers" (Spranger, 1958; Kerschensteiner, 1965), sondern auf den Erwerb von so genannten Kompetenzen, die modularisiert dargeboten werden. Die Ausbildung scheint einem ingenieurwissenschaftlichen Studium nachgeformt, und dass hier ein Kategorienfehler begangen wird, diese Tatsache scheint entweder nicht bewusst zu sein oder wird stillschweigend, trotz besseren Wissens, in Kauf genommen. Dass die Halbwertszeit solcher Kompetenzen nicht sehr hoch ist, liegt auf der Hand. Und insofern verwundert es auch nicht, dass sich Erzieher (Diplompädagogen) und Lehrer der erzieherischen und unterrichtlichen Praxis häufig nicht gewachsen fühlen.

Eykmann, Seichter und andere (2007) haben, dem Trend zum Trotz, beispielhaft anhand acht pädagogischer Tugenden deren erziehungspraktische Orientierungs- und Handlungsrelevanz herausgearbeitet. In der Perspektive einer professionell-pädagogischen Tugendlehre sollte der pädagogische Berater erstens Humor besitzen, er sollte zweitens Geduld und Gelassenheit aufbringen können, drittens wahrhaftig sein, viertens Klugheit aufweisen, fünftens hoffnungsvoll sein, sechstens Liebe aufbringen können, siebtens phantasievoll und achtens schließlich gerecht sein. Humor, Geduld, Wahrhaftigkeit, Klugheit, Hoffnung, Liebe, Phantasie und Gerechtigkeit als Ausdruck gewünschter pädagogischer Eigenschaften fügen sich nahtlos in die Überlegungen zum taktvollen beraterischen Handeln und zur Moral der Beratung ein. Ein Berater, der nicht lachen kann, keinen Sinn für Humor besitzt, kann ebenso wenig hilfreich für den Ratsuchenden sein, wie einer, dem es an Geduld und Wahrhaftigkeit fehlt. Und Klugheit meint als pädagogische Tugend, wohl überlegt und abwägend, gleichwohl aber nicht zaudernd zu agieren. Hoffnung ist zu verstehen als eine Form von Zuversicht mit Hinblick auf die Polarität des Lebens, insbesondere in den Zeiten, in denen die Menschen ratlos und angesichts einer sich stellenden und auf den ersten Blick nicht zu bewältigenden Aufgabe verzweifelt sind. Hier ist die hoffnungsvolle Haltung, ohne das Gebot der Wahrheit zu missachten, hilfreich. Wenn Ferenczi (1999) für die psychoanalytische Behandlung meint, dass ohne Sympathie keine Heilung zustande kommt, dann gilt das ebenso für die Liebe als pädagogische Tugend. Lieben im engeren Sinne muss der Berater den Ratsuchenden wahrscheinlich nicht, doch er muss ihm Sympathie entgegen bringen können. Wo ihm dies nicht gelingt, scheint das beraterische Unterfangen als aussichtslos. Phantasie bezieht sich im Grunde auf die schon benannte Fähigkeit des Beraters zum Spiel. Da sich die Situation des Ratsuchenden geradezu durch das Fehlen von Phantasie auszeichnet – sonst könnte möglicherweise eine andere Sichtweise auf die aktuell schwierige Lebenssituation generiert werden –, muss der Berater stellvertretend phantasievoll sein.

Und schließlich fordert die Rolle des Beraters als kritischer Zeitgenosse Gerechtigkeit, und die Überlegungen hinsichtlich gerechter Entscheidungen und gerechter Handlungen dürfen vom Berater im Beratungsprozess unter Berücksichtigung der Anerkennung nicht hinter dem Berg gehalten werden.

Blickt man auf den skizzierten pädagogischen Tugendkatalog mit den damit zusammenhängenden Implikationen, dann drängt sich fast der Eindruck auf, als könne die Realisierung solcher Eigenschaften schon maßgeblich für das Gelingen eines beraterischen Lernprozesses beitragen. Hier ist aber Vorsicht geboten, denn die beschriebenen Tugenden sind als Orientierungspunkte im Feld beraterischer Berufstätigkeit zu verstehen. Ähnlich wie der Polarstern der früheren Schifffahrt Orientierung gab, ohne dass die Schiffe den Stern ja tatsächlich erreichen konnten, muss auch mit den pädagogischen Tugenden verfahren werden. Im Zentrum professionell pädagogischer Beratung steht das Bemühen um Realisierung dieser Tugenden.

4.6 Pädagogische Kompetenz, oder: die operative Basis der Beratung

Die Unterscheidung von Disziplin und Profession hatte ja für die Pädagogik zur Folge, dass es nun auch nötig wurde, den Sonderwissensbestand der Disziplin genauer in den Blick zu nehmen. Und unter Zugrundelegung einer Pädagogik des Lebenslaufs und einer Pädagogik des Lernens ist es möglich, Phänomene aus der sinnstrukturierten Welt pädagogisch zu deuten. Eine Deutung also, die sich von denen anderer Disziplinen deutlich unterscheidet und eine Monopolstellung für sich beanspruchen kann.

Blickt man nun auf die Profession, hat man es mit einer ähnlichen Fragestellung zu tun: Was ist die spezifisch Kompetenz des Erziehers, die ihn von anderen Professionen unterscheidet und die nur ihm in seiner Berufspraxis eigentümlich ist?

Seit dem über Erziehung nachgedacht wird, stellt sich auch immer wieder diese Frage, die sich letztendlich mit der Frage nach den (richtigen) Formen pädagogischen Handelns (Prange, 2008) auf den Punkt bringen lässt. Die Geschichte der theoretischen Pädagogik und auch der erziehungspraktischen Überlegungen verweisen auf einen reichlichen und auch kostbaren Fundus von sich auf diese Frage beziehenden Wissensbeständen. Da sind zunächst die Erziehungsmetaphern zu nennen. Hier wird der Erzieher zum Gärtner, der die freie Entfaltung der Pflanze Kind begleitet und an den Stellen, an den es notwendig erscheint, mit den Mitteln des Landschaftsbaus eingreift. So werden beispielsweise „Triebe" beschnitten oder stützend-richtende Streben angebracht. Auch der Vergleich mit einem Handwerker, der sich seinem Werkstück mit handwerklichen Mitteln herstellend und auch reparierend zuwendet, ist bekannt. Und auch der „Erzieher als Arzt der Seele" (ebd., S. 141), der dabei hilft, das zu entbinden, was im Menschen angelegt ist, ist eine Metaphern, die versucht, die Eigenart von Erziehung zu fassen.

Eine andere Möglichkeit ist es, sich dem Phänomen Erziehung über erziehungsformale Überlegungen zu nähern. So kommt man zu den bekannten Unterscheidungen von Erziehung als Regieren, Unterrichten und Zucht (Herbart), als Behüten, Unterstützen und Gegenwirken (Schleiermacher) und als Disziplinierung, Kultivierung und Zivilisieren (Kant).

Die konzeptualisierenden Bemühungen reichen von Überlegungen zu konkreten Erziehungsmitteln (Spiel, 1944) bis hin zu Systematisierungen der Grundformen pädagogischen Handelns, wie Vermittlung und Aneignung (Kade, 1997) und Unterrichten, Informieren, Beraten, Arrangieren und Animieren (Giesecke, 2000).

Alle diese theoretischen Entwürfe versuchen auf die Frage nach der spezifischen Kompetenz des Erziehers, die ihn von anderen Professionen und von pädagogischen Laien unterscheidet, eine Antwort zu geben.

Klaus Prange (2005) hat sich ebenfalls dieser Frage zugewandt, allerdings unter etwas anderen Vorzeichen. Zunächst stellt er fest, dass die Pädagogik mit ihren sich immer weiter ausdifferenzierenden Bereichspädagogiken Gefahr läuft, das eigentlich Pädagogische aus den Augen zu verlieren. Dies hätte fatale Folgen sowohl für die Disziplin als auch für die Profession, da sich beide so überflüssig machen würden. Blickt man allerdings über den Tellerrand der eigenen Disziplin und Profession hinaus, muss man feststellen, dass, mit Hinblick auf Ausdifferenzierung, die Medizin eine ähnliche Entwicklung genommen hat. Gleichwohl ist aber auch festzustellen, dass die Medizin, so scheint es, ihren Gegenstand nicht auslagert oder entsorgt. Hier stellt sich die Frage, wie dies der Medizin gelingen kann. Eine Antwort gibt der Medizinhistoriker Heinrich Schipperges (1970). Es sei eine spezifische Grundoperation, die die Medizin als Disziplin und die ärztliche Praxis, trotz der immensen Ausdifferenzierung, konzeptuell zusammenhält und damit disziplinäre und professionelle Identität stiftet, denn im „Ursprung der Heilkunde steht der Eingriff" (ebd., S. 7). Das Eingreifen bzw. der Eingriff ist die „Urgebärde des handelnden und behandelnden Arztes" (ebd., S. 132). In welchen Formen und in welchen Zusammenhängen auch immer der Eingriff zu Tage tritt, die Gebärde des Eingreifens „macht den Kern dessen aus, was Herzchirurgie und Strahlenbehandlung, Akupunktur und Orthopädie bei allen Verschiedenheiten gemeinsam haben" (Prange, 2005, S. 22).

Vor dem Hintergrund der Rekonstruktion der Figur des eingreifenden Arztes stellt sich nun folgerichtig die Frage nach einer möglichen zentralen Signatur des Erziehers und der Erziehung. Fuhr (1999) fasst die Forschungsergebnisse der Operativen Pädagogik, deren Gegenstand die Formen pädagogischen Handelns sind, prägnant zusammen und gibt eine eindeutige Antwort auf die eingangs gestellte Frage: „(…) wenn pädagogisch gehandelt wird, wird immer etwas gezeigt, und wenn nichts gezeigt wird, so wird nicht pädagogisch gehandelt" (S. 110). Ohne Zeigen keine Erziehung! Und Prange (2005) ergänzt, dass das „Zeigen (…) so sehr und ausdrücklich die zentrale Kompetenz des Erziehens (ist), dass der Zeigestock und der Zeigefinger in der überlieferten Ikonographie als Standes- und Erkennungszeichen der Erzieher von Beruf dienen" (S. 44). Das Zeigen mit dem Zeigefinger/Zeigestock versinnbildet jene Urgebärde des handelnden Erziehers und weist so, korrespondierend zum eingreifenden Arzt, die Figur des zeigenden Erziehers aus. Diese basalen Signaturen professionellen ärztlichen und pädagogischen Handelns, also der Eingriff durch den Arzt und das Zeigen durch den Erzieher, haben weit reichende konstitutions- und strukturtheoretische Folgen. Denn so wird der Eingriff sowohl Gegenstand der ärztlichen Kunst als auch Gegenstand der medizinischen Wissenschaft. Und Gleiches gilt für die Pädagogik: Das Zeigen ist Gegenstand der pädagogischen Profession *und* der pädagogischen Disziplin!

Das Zeigen ist also die zentrale Kompetenz des Erziehers, und diese Kompetenz lässt sich in vier elementare Formen unterscheiden (Prange & Strobel-Eisele, 2006). Zunächst ist das *ostensive Zeigen* im Sinne des „Ich zeigt dir, wie das geht", zu nennen. Das ostensive Zeigen konzeptualisiert das übende Zeigen. „Die Übung stellt eine pädagogische Handlungsform dar, in der auf die elementaren kindlichen Lernbewegungen immer wieder mit unterstützenden, mitahmenden, auffordernden Eingriffen von Seiten des Erziehers geantwortet wird" (ebd., S. 53). Ziel des übenden Zeigens ist das Hervorbringen von Gewohnheiten und lebenspraktischen Routinen, die dem Menschen sein Leben ermöglichen. Diese Gewohnheiten und Routinen zeichnen sich aber dadurch aus, dass sie modifizierbar sind, also offen für ihre Überwindung durch neue und alternative Routinen und Ansichten, die ebenfalls übend erworben werden können.

Das *repräsentative Zeigen* im Sinne des „Ich zeig' dir, wie es ist", zielt auf die Darstellung. Pädagogisches Handeln im repräsentativen Modus ist „(...) als Darstellung der Welt ein Zeigen und Sehenlassen des Unsichtbaren" (ebd., S. 61 ff.). Die einfachste Weise in der repräsentativ gezeigt wird, ist das Erzählen oder die Erzählung. Durch die Erzählung, sowohl von Seiten des Pädagogen als auch von Seiten des Lernenden, werden Sachverhalte und Situationen, die außerhalb der erzieherischen Situation angesiedelt sind, in der erzieherischen Situation zur Darstellung gebracht, so dass Lernen über und mit den Sachverhalten und Situationen möglich wird. Dass diese Darstellung von etwas Unsichtbarem in der erzieherischen Situation gelingt, ist auf die Natur der Sprache zurückzuführen. Das Sprechen lässt das Thema, um das es geht, in der aktuellen Situation präsent werden und ermöglicht so die Auseinandersetzung mit dem Gegenstand.

Das *direktive Zeigen* im Sinne des „Zeig' dich mir" kann als Aufforderung zur Selbsttätigkeit begriffen werden. So paradox es klingen mag, doch Selbstbestimmung, Freiheit und Mündigkeit als zentrale Ziele der Erziehung sind zunächst in einem hohen Maße auf Fremdbestimmung angewiesen. Erst durch die Aufforderung kann der Mensch etwas tun oder es auch sein lassen. Von Bedeutung ist allerdings, dass sich diese Form pädagogischen Handelns immer auf den Zustand von Personen, also auf etwas Drittes, bezieht, über den dann mittels Konfrontation, Klarifikation und Aufforderung gesprochen wird. Die Aufforderung, will sie die Motive, Absichten und Haltungen der Menschen erreichen, muss sich dementsprechend immer am Lernstand des Menschen orientieren. Sie muss berücksichtigen, was bereits ostensiv und repräsentativ gezeigt und gelernt wurde.

Das *reaktive Zeigen* schließlich im Sinne des „Ich werd's dir zeigen" fasst konzeptuell die Rückmeldung. Rückmeldung als pädagogische Form thematisiert das Lernen selbst und verweist darauf, was aus Sicht des Erziehers aus der Aufforderung, der Übung oder der Darstellung geworden ist oder gemacht wurde. Bei der Rückmeldung ist besonderer Takt geboten, da sich das reaktive Zeigen immer auch an die Person des Lernenden richtet und so die Gefahr von Kränkung und Demütigung besteht.

Nun ist das Zeigen aber nur die eine Seite von Erziehung, so wie der ärztliche Eingriff eben auch nur die eine Seite – nämlich die ärztliche – der Behandlung ist. Von Erziehung kann man nur dann sprechen, wenn sich das Zeigen durch den Erzieher auf das Lernen des Edukanten bezieht, genauer: das Lernen des Edukanten zu erreichen versucht. Zeigen, das sich nicht auf Lernen bezieht, ist unpädagogisch.

Korrespondierend mit der Pädagogik des Lernens (s. Kapitel 3) lassen sich die elementaren Zeigeformen auch den entsprechenden Lernformen zuordnen. So hebt das ostensive Zeigen auf das Können-Lernen, das repräsentative Zeigen auf das Wissen-Lernen und das direktive Zeigen auf das Leben-Lernen ab. Das reaktive Zeigen ist letztlich eine Form, die der Zögling nutzen kann, um etwas über die Art und Weise zu lernen, wie er lernt (Lernen-Lernen).

Formen des Zeigens	**Formen des Lernens**
Ostensives Zeigen	Können-Lernen
Repräsentatives Zeigen	Wissen-Lernen
Direktives Zeigen	Leben-Lernen
Reaktives Zeigen	Lernen-Lernen

Abb. 12: Zum Verhältnis von Zeigen und Lernen

Was für den handelnden Erzieher gilt, also die Forderung nach zeigenden Kompetenzen, gilt in gleichem Maße auch für den pädagogischen Berater. Die Zeigekompetenz des Beraters ist für pädagogische Beratung unabdingbare Voraussetzung und Grundlage beraterischen Handelns. In gewisser Weise bauen alle weiteren methodischen Verfahrensweisen auf die grundlegende Zeigekompetenz auf und sind genau genommen als Artikulationsformen der zeigend-beraterischen Bemühungen zu verstehen. Ob nun die beratungsmethodische Forderung nach Empathie, Klarifikation, Deutung, Verbalisierung emotionaler Erlebensinhalte, Kontextklärung usw. – also psychotherapieschulenspezifische Konzeptualisierungen von Beratung –, immer geht es darum, dem Ratsuchenden etwas zu zeigen.

Im Bereich pädagogischer Beratung sind insbesondere die repräsentative und die direktive Grundform als zentral zu erachten. Das Zusammen- und Wechselspiel von repräsentativem und direktivem Modus kann als dynamischer Antrieb der pädagogischen Beratung angesehen werden. Zunächst wird der Ratsuchende aufgefordert, sich seiner Frage zuzuwenden und sich freimütig, zumeist in Form einer Erzählung, über seine Situation zu äußern. Der Berater wird sowohl zuhören als aber auch durch methodisch geleitete Fragen und Interpretationen etwas (auf-)zeigen oder auf etwas hinweisen, was vorher (noch) nicht bekannt war. Der Ratsuchende kann dann das Gezeigte für sich prüfen, verwenden oder eben auch nicht, in dem er es zurückweist. Es entsteht so ein dynamischer Zirkel von Repräsentation und Direktion – von Aufzeigen, Prüfen, Verwenden, Verwerfen, erneutem Aufzeigen usw. –, der prozessural zu einer Anreicherung und Aufladung der Fragestellung beiträgt und im gelingenden Fall zur Generierung von alternativen Handlungsoptionen führt.

Trotz der strukturellen Dominanz von Darstellung und Aufforderung hat auch die Übung ihren Platz in der Beratung. Nicht selten unterstützt der Berater den Ratsuchenden bei seinen Versuchen, etwas zu verändern, und diese versuchte Veränderung basiert häufig auf sich wiederholender Übung. Ellinger (2007) hat kürzlich sogar deutlich gemacht, dass die Umsetzung einer in der Beratung hervorgebrachten Klärung oder Entscheidung mit dem Erwerb einer Tugend verglichen werden kann: „Sie werden durch Belehrung und Einsicht sowie durch Übung und Gewohnheit erworben" (S. 124). In gleicher Weise verhält es sich mit dem reaktiven Zeigen, doch ist dieses häufig schon in der Darstellung und Aufforderung mit enthalten.

Unter dem Gesichtspunkt der Zeigekompetenz des Erziehers/Beraters und unter Zugrundelegung des Zeigens als operative Basis der Beratung wird Beratung zu einer komplexen Form pädagogischen Handelns. Komplexe Formen pädagogischen Handelns charakterisieren sich dadurch, dass in ihnen die Grundoperationen des Zeigens eingelagert sind. Denn es ist anzunehmen, dass die elementaren Formen des Zeigens ohne die Einbettung in eine komplexe Handlungsstruktur gar nicht zu beobachten und zu identifizieren sind. Neben der Beratung können das Arrangement, das Spiel, die Arbeit, das Erlebnis und die Strafe als weitere komplexe Formen angesehen werden (Prange & Strobel-Eisele, 2006).

Das Arrangement kann als komplexe Form pädagogischen Handelns aufgefasst werden, denn wer aus erzieherischen Gründen etwas arrangiert, „gestaltet eine Situation zum Zwecke des Lernens und schafft die Bedingungen der Möglichkeit für eine Lerngelegenheit (...)“ (ebd., S. 107). Sozial- und sonderpädagogisches Handeln muss in dieser Perspektive als der Versuch angesehen werden, „auf die Lage von hilfsbedürftigen Klienten so zu reagieren, dass über geeignete Arrangements nicht nur aktuell geholfen, sondern auch Lernprozesse in Gang gesetzt und unterstützt werden. Fällt der Bezug auf Lernen heraus, bleibt nichts als Sozialarbeit übrig“ (ebd., S. 115).

Das Spiel kann ebenfalls in den Dienst pädagogischer Absichten gestellt werden, wenn man die Annahme zu Grunde legt, „dass das Spiel dazu dient, in übender Einstellung erst Fertigkeiten und dann Kenntnisse und Vorstellungen auszubilden, die dann im sozialen Verkehr unter dem Gesichtspunkt von Regeln zur Geltung gebracht werden“ (ebd., S. 122). Es ist insbesondere die ästhetische Erziehung, zu der das Spiel und die Spielpädagogik gehören. Hier findet eine Erziehung durch Kunst beziehungsweise eine Erziehung durch die gute Form statt. Das Spiel als „eine Arznei und ein Mittel der Entspannung“ (Aristoteles, 2003, S. 342) gehört neben der Gymnastik und der Musik zu den musischen Bildungsmitteln. Insofern ist die „ästhetische Darstellung der Welt als Hauptgeschäft der Erziehung“ (Herbart, 1804) aufzufassen.

In gleicher Weise kann Arbeit pädagogisch werden. Durch Arbeit kann das Kind, der Jugendliche oder auch der Erwachsene lernen, von der eigenen unmittelbaren Gestimmtheit abzusehen, um auch Dinge voranzubringen und zu betreiben, für die man zunächst keine Lust empfindet. Arbeit diszipliniert, man muss sich an sie gewöhnen und sie ist das zentrale Medium der sozialen Vermittlung von Identität, „(...) und wenn es die Arbeit ist, die uns zu sozialen Wesen macht, kann das Erziehen nicht darauf verzichten“ (ebd., S. 130). Im didaktischen Sinne ist die pädagogisch inszenierte und künstlich hergestellte Knappheit das Mittel der Wahl der Arbeitserziehung.

Als weitere komplexe Form pädagogischen Handelns ist das Erlebnis zu nennen. Zwar erlebt der Mensch Tag für Tag immer etwas, doch pädagogisch wird das Erleben ebenfalls wieder durch bestimmte Inszenierungen von Erlebensmöglichkeiten. Bedeutsam ist, dass es nicht so sehr darauf ankommt, was erlebt wird, sondern wie erlebt wird. Insofern ist das Erleben immer ein höchst individuelles. Der Erlebnispädagogik geht es in dieser Perspektive darum, „das Erleben in den Dienst bestimmter Zwecke des Lernens zu stellen“ (ebd., S. 135). Sie tut dies mit pädagogischen Arrangements, die die Kinder und Jugendlichen in methodisch kontrollierte krisenhafte Situationen führen, um einerseits Routinen erlebensnah infrage zu stellen und um andererseits aus dem Zustand der inneren und äußeren Verwirrung zu alternativen Haltungen und Einstellungen zu kommen.

Bei der Strafe schließlich stellt sich grundlegend die Frage, ob die Strafe überhaupt zu den Formen pädagogischen Handelns gerechnet werden sollte oder ob nicht vielmehr die Strafe das Scheitern der Erziehung bedeutet. Die Gegenüberstellung von Erziehung und Strafe greift allerdings zu kurz. Die Strafe muss als Form pädagogischen Handelns angesehen werden, da dem Lernenden, so paradox es klingen mag, damit gezeigt wird, „dass wir ihn als Person anerkennen, der wir zutrauen, dass sie Regeln, die allerdings auch ausgesprochen und verstanden sein müssen, befolgen, Aufgaben wahrnehmen und Pflichten auch tatsächlich ausüben kann“ (ebd., S. 146). Pädagogisches Handeln gibt es nicht ohne Sanktionen, wenngleich natürlich richtig ist, dass Sanktionen allein noch keine Erziehung abgeben. Aber: Mit der komplexen pädagogischen Form der Strafe, die auch als reaktives Zeigen zu verstehen ist, werden Grenzen, die vorher markiert und vom Kind beziehungsweise Jugendlichen verstanden wurden, fühlbar gemacht, wenn sie übertreten worden sind.

Wie bereits an unterschiedlichen Stellen ausgeführt, ist angesichts des Lebensproblems des Ratsuchenden immer darauf zu achten, ob es sich erstens angemessen in ein Lernproblem transformieren lässt und ob zweitens die Beratung als komplexe Form pädagogischen Handelns auch die angemessene Form ist, dem Lernbedarf des Ratsuchenden zu begegnen. Immer stehen auch andere Formen pädagogischen Handelns zur Verfügung, und es muss geprüft werden, welche Form als Lernhilfe dem festgestellten Lernbedarf entspricht.

5

Methodisch-didaktisches Handlungswissen

Aufgrund der konstitutiven Eigenart von Beratung – Beratung als nichtstandardisierbare personenbezogene Dienstleistung – verbietet es sich, Rezeptwissen für den Beratungsprozess und die Gesprächsführung zur Verfügung zu stellen. Immer muss das disziplinäre Wissen mittels der Unterstützung des professionellen Wissens und Könnens mit dem einzelnen, je individuellen, Ratsuchenden zusammen gebracht werden.

Gleichwohl lassen sich aus den Wissensbeständen der Disziplin und der Profession in methodischer Hinsicht zum einen allgemeine Aufgaben des Beraters formulieren: Er muss unterstützen/auffordern, informieren und vermitteln können. Zum anderen können aus den bisher skizzierten Wissensbeständen spezielle handlungspraktische Elemente abgeleitet werden, die den Beratungsprozess strukturieren und helfen, ihn hilfreich im Sinne des Ratsuchenden zu gestalten. Die Praxis pädagogischer Beratung ist insofern keine beliebige, sondern muss vor dem Hintergrund des Einzelfalls und des wissenschaftlichen Wissens bestehen.

5.1 Allgemeine Merkmale von Beratung in methodischer Sicht

Beratung findet wie kaum eine andere komplexe Form pädagogischen Handelns im Medium der Sprache statt. Die Aussage von Prange (1997): „ohne Sprache keine Erziehung" (S. 133), gilt für die Beratung als Form der Erziehung ausdrücklich und im Besonderen. Gleichzeitig gilt aber auch umgekehrt: Ohne Erziehung keine Sprache! Das, was ja zunächst völlig trivial klingt, nämlich die Aussage, dass Kinder durch Erziehung – überwiegend in der Familien- und Schulerziehung – die Sprache erlernen, ist mit Hinblick auf die Entstehung der Sprache in phylogenetischer Hinsicht alles andere als trivial. Sprachwissenschaftler, Paläoantropologen, Biologen, Neurologen und Archäologen gehen davon aus, dass sich die Anfänge der menschlichen Sprache – entgegen der These, die davon ausgeht, die Entstehung der Sprache sei als Zufallsprodukt einer einzelnen Mutation zu verstehen – bis auf eine Zeit vor ca. zwei Millionen Jahre zurückführen lassen, eine Zeit, „als aus aufrecht gehenden Menschenaffen die ersten frühen Urmenschen wurden" (Berger, 2008). Das heißt nichts anderes, als dass die Entwicklung der Sprache mit der Entwicklung des Menschen bis zum homo sapiens parallel verläuft. Und eigentlich müsste man sagen, dass die Entwicklung der Sprache die Entwicklung des Menschen erst ermöglicht hat. Hier treffen sich mit Hinblick auf die Bedeutung für die menschliche Entwicklung die Sprache und die Erziehung, denn auch die Menschwerdung wäre ohne Erziehung nicht möglich gewesen. Dass allerdings Sprache mit Erziehung fast untrennbar miteinander verbunden sind, kann nur dann verstanden werden, wenn man sich fragt, warum die Sprache überhaupt entstanden ist. Die Tier-Mensch-Übergangszeit war zunächst dadurch gekennzeichnet, dass die frühen Menschen mehr Gejagte waren als Jäger. Erst der Zusammenschluss bzw. der weitere Ausbau zu bzw. von stabilen Gruppen ermöglichte den frühen Menschen, sich gegen Räuber zu verteidigen und ihnen sogar die Beute streitig zu machen. Und hier kommen Erziehung und Sprache zusammen. Um stabile Gruppen zu ermöglichen, waren zum einen Monogamie und heterosexuelle Paarbindung ein Selektionsvorteil. Insbesondere kam der Einbeziehung des Mannes/Vaters bei der Aufzucht des Nachwuchses besondere Bedeutung zu. Hierbei bildeten sich erste familiale Strukturen heraus. Zum anderen war die Aufrechterhaltung einer solchen komplexen Gruppe zur Daseinssicherung auf Kommunikation angewiesen. Und zwar war hier eine Kommunikationsform gefragt, die den komplexen Strukturen der Gruppe entsprach. Eine differenzierte Kommunikation (Sprache) kann somit als Grundlage für das Überleben der Art aufgefasst werden. Kann man also sowohl die menschliche Entwicklung nicht ohne Sprache, als auch die (kulturelle) Evolution nicht ohne Erziehung denken, dann wird deutlich, dass sich auch Sprache nicht von Erziehung bzw. Erziehung nicht von Sprache trennen lassen.

Nicht umsonst kann die sprachliche Erziehung als die Grundlage des Bildungsprozesses des Individuums angesehen werden. Es ist die Sprache, die den Menschen durch seinen Lebenslauf hinweg und über die unterschiedlichen Sphären der Erziehung begleitet. Angefangen vom primordialen Dialog mit dem Säugling, oder sogar noch pränatal im Bauch der Mutter, über das Erlernen der Sprache im Kleinkindalter, überwiegend durch das Vorlesen, über die aktive Inanspruchnahme der Sprache durch selbsttätiges Sprechen und Lesen, über die Verfeinerung der Sprache und Aneignung der grammatikalischen Regeln innerhalb der Schule, bis hin zu der Möglichkeit des freien schriftlichen und sprachlichen Ausdrucks beginnend im Jugendalter und frühen Erwachsenenalter. Es ist die Sprache und die Fähigkeit, sich dieser differenziert zu bedienen, die dem Menschen die Welt eröffnet und diese Welt für ihn handhabbar macht. Erst durch die Sprache wird es möglich, gemeinsam Sinn und Bedeutung herzustellen und sich hierüber auseinanderzusetzen. Und auch erst die Sprache ermöglicht es, dass soziale Praxen mit den dazugehörigen Themen, die außerhalb der erzieherischen Situation liegen – so eine erzieherische Situation ist auch die Beratung – in der erzieherischen/beraterischen Situation gewissermaßen entstehen können, zum Lernthema werden und dann das in der erzieherisch-beraterischen Situation Gelernte wieder in die Lebenspraxis außerhalb der erzieherisch-beraterischen Praxis transformiert werden kann.

Sprache und Rede

Mit Hinblick auf eine erste systematische und konzeptuelle Zusammenführung von Sprache und Erziehung muss auf die antike griechisch-römische Tradition der Rhetorik verwiesen werden (Aristoteles, 1999; Quintilian, 2006; Cicero 2003), denn in der Antike, so das klassische Bildungsideal, sollte der Mensch seine Sprache so beherrschen, dass er hierdurch und mit ihr zu seiner Form gelangt und diese Form auch wiederum durch sein sprachliches Verhalten zum Ausdruck kommt.

Die Sprache hat also sowohl für die Pädagogik als Disziplin und als Profession als auch für die Ziele und Mittel der Erziehung herausragende Bedeutung. Und die Lehre von der Rede, die sich dann in der griechisch-römischen Antike als Rhetorik formierte, kann als der Gründungsakt der Pädagogik aufgefasst werden (Prange, 1997). Die Rede ist es nun, die einerseits als Erziehung zur Rede erzieht und die andererseits in Form der Beredsamkeit und der Redekunst (ars rhetorica) als Erziehungsziel und Bildungsideal angesehen wird. Und die Sprache in diesem Sinne ist es dann auch, die Philosophie und Pädagogik untrennbar miteinander verbindet.

Sprache und Gespräch

Die Rede kann allerdings nur als eine, wenn auch herausragende Form der Sprache angesehen werden. In den Fokus des pädagogischen Interesses rückte seit Bollnow (1966) immer mehr das Gespräch als Form der Sprache und der Erziehung. Denn im Grunde zielen alle erzieherischen Bemühungen zunächst auf die Erziehung zum Sprechen und dann auf die Erziehung zur Sprache und zum Gespräch (Bollnow, 1973) durch das Gespräch. Dass der Sprache und dem Gespräch innerhalb der Erziehung so große Bedeutung zugesprochen wird, das Gespräch als Hauptziel und Hauptzweck der Erziehung, lässt sich mit Müller (1973) auf den Punkt bringen: „Gespräch ist fragend-antwortendes Miteinandersprechen. Fragend-antwortendes Miteinandersprechen hat emanzipatorische Möglichkeiten. Emanzipatorische Möglichkeiten liegen im Entwickeln von Denken, Fühlen und Wollen. Denken, Fühlen und Wollen zu entwickeln, führt zur kritischen Mündigkeit. Kritische Mündigkeit ermöglicht individuelles Verhalten. Individuelles Verhalten schlägt in Handeln um, das zu gesellschaftlicher Emanzipation führen kann. Gesellschaftliche Emanzipation ergibt Demokratie. Demokratie ist das ideale Gespräch“ (S. 60).

Der Gebrauch der Sprache als Gespräch stand zur damaligen Zeit im Mittelpunkt pädagogischen Denkens und Handelns und wurde als *die* Möglichkeit erachtet, Mündigkeit und Aufklärung hervorzubringen. Der gemeinsamen Verständigung im Medium der Sprache innerhalb eines Gesprächs wurde insbesondere für unterrichtliche Lernprozesse enorme Bedeutung zugesprochen. Aus aktueller Sicht wird in diesem Zusammenhang diskutiert, welche Auswirkungen die neuen Medien, wie zum Beispiel E-Learning etc., auf Lernprozesse haben und ob Lernen vom Zeigenden abgekoppelt werden kann, oder anders gefragt: wer oder was die Funktion des Zeigenden übernimmt (Prange, 1997).

Sprache und Beratung

Ging es bislang um die Rede und das Gespräch als Formen der Sprache, soll nun die Beratung als sprachliche Form näher in den Blick genommen werden. Was hier aber zunächst interessiert, ist die Form des Austauschs der Worte zwischen Ratsuchendem und Berater. Zunächst kann man ja annehmen, da die beiden Worte miteinander wechseln, dass sie sich wohl der Sprache bedienen. Dass an dieser Stelle Beratung schon schwierig werden kann, wenn beide nicht die gleiche Sprache sprechen oder aber auch eine unterschiedliche Spracherziehung und Sprachsozialisation erfahren haben, versteht sich von selbst und soll hier nicht weiter von Interesse sein. Das, was vielmehr interessiert, ist, ob die Verwendung der Sprache schon einen Hinweis auf die Methodik des Beratungsgesprächs gibt. Das, was Hanselmann (1951) für die Andragogik festgestellt hat, gilt im Besonderen für die Beratung als Erziehungsmittel im Bereich der Selbsterziehung: „Die beste Methode, an das Lebens heranzukommen, ist (…) das Gespräch, und Gesprächsstoff kann alles werden, was die Erwachsenen zur Sprache bringen“ (S. 118).

Mit Hinblick auf eine mögliche allgemeine sprachliche Form einer Beratung kann man auf die Ausführungen von Walter Benjamin aus dem Jahre 1936 über den Erzähler (Benjamin, 2007) zurückgreifen. Benjamin (2007) schafft mit der Figur seines Erzählers einen mustergültigen Berater. Die Erzählung als sprachliche und beratungsrelevante Form ermöglicht es dem Ratsuchenden, von seinen Sorgen und Nöten zu berichten. Von besonderer Bedeutung ist aber hierbei, dass der Ratsuchende auch dazu ermutigt und auch angeleitet bzw. unterstützt werden muss, seinen Worten die Form einer Erzählung zu geben, denn häufig haben die Mitteilungen, die ein Berater zu hören bekommt, den Charakter von Jammern und Wehklagen. Hierauf kann sich Beratung schlecht beziehen. Darüber hinaus kann sich auch die Erzählung zu einer bloßen Informationsveranstaltung entwickeln, die keinen Interpretationsspielraum (mehr) zulässt. Oder aber die Mitteilung ist ihrem Wesen nach „abgeschlossen", so dass auch keine Fragestellung mehr aufgeworfen werden kann.

Erst durch die Form der Erzählung aber wird ein Beratungsprozess möglich, da es dem Charakter einer Erzählung nach immer darum geht, etwas mitzuteilen, zu erzählen, ohne gleich eine Erklärung mitzuliefern. Erst dadurch wird es dem Berater möglich, sich selbst ein Bild von dem Erzählten zu machen und über mögliche Verstehensoptionen nachzudenken. Ein Rat im Sinne Benjamins kann als ein Vorschlag dahin gehend verstanden werden, wie die unabgeschlossene Erzählung des Ratsuchenden zu Ende gehen *kann*. Beratung ist demnach auf die Erzählung des Ratsuchenden angewiesen, und sie steht und fällt mit der Fähigkeit des Ratsuchenden, zu erzählen. Dieser Sachverhalt verweist wieder auf die Tatsache, dass Beratung auf Mündigkeit und Erzogenheit angewiesen ist. In diesem Fall meint Mündigkeit und Erzogenheit die durch Erziehung ausgebildete Fähigkeit, sich sprachlich in Form einer Erzählung artikulieren zu können.

Gelingt es, den Ratsuchenden zum Erzählen zu bewegen, dann entsteht hier durch die lebensgeschichtliche Erzählung eine einmalige Gelegenheit, die Faktoren zum Vorschein zu bringen, die zwar den Alltag des Menschen mitbestimmen, gleichzeitig aber nicht zur bewussten Wahrnehmung gelangen. Und häufig sind es gerade die nicht mehr wahrnehmbaren lebenspraktischen Routinen, die aufgrund von unterschiedlichen Entwicklungsprozessen dysfunktional geworden sind, aber weiterhin aufrechterhalten werden, die für das aktuelle Lebensproblem maßgeblich mit verantwortlich sind. Das distanziert-teilnehmende Zuhören des Beraters, das sich auf die lebensgeschichtliche Erzählung des Ratsuchenden richtet, ermöglicht in einem ersten Schritt Erkennen und in einem zweiten Schritt das Auf*zeigen* des Erkannten. Durch das Zeigen des bisher Unerkannten kann es beim Ratsuchenden zu einem neuen Verständnis oder überhaupt zu einem ersten Verstehen der eigenen Situation kommen, die dem Ratsuchenden fremd geworden ist und bis heute von ihm unverstanden bleibt. Durch dieses Verstehen wird der Ratsuchende wieder in die Lage versetzt, das bislang Fremde und Unverstandene als zu sich gehörig zu betrachten. Durch den Prozess der Wiederaneignung erhält der Ratsuchende die Autorenschaft für seine Lebensentscheidungen (personale Selbstbestimmung und Mündigkeit) wieder zurück und kann nun mit Hinblick auf seine Frage, falls diese weiterhin noch besteht, vernunftbegründet, rational und plausibel eine Wahl treffen.

Lernprozesse, die in der und durch die Beratung initiiert wurden, zeigen sich dementsprechend darin, dass sie sowohl in der Beratung als auch dann nach der Beratung die Erzählungen der Ratsuchenden verändern. Das, was vorher starr und statisch war, wird nun flexibler und dynamisch. Durch das Verstehen der Lebensgeschichte im Prozess der Beratung mit Hinblick auf die zur Klärung stehenden Fragestellung können nun Erfahrungen wieder integriert werden und zur Weiterentwicklung der persönlichen Lebensform beitragen.

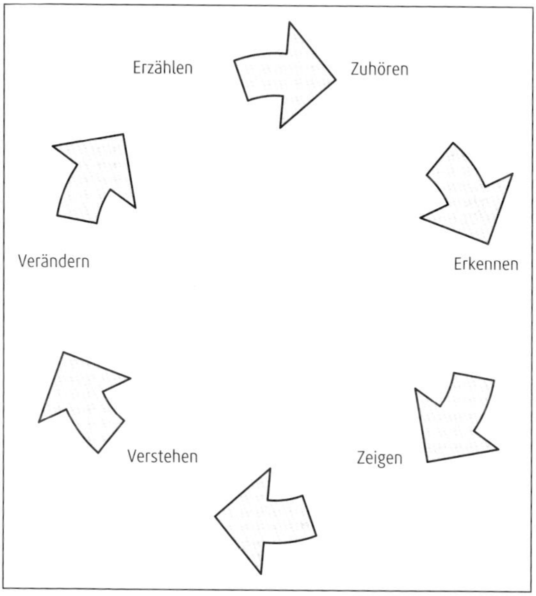

Abb. 13: Allgemeine Verlaufsdynamik einer Beratung

Was heißt das nun mit Hinblick auf die eingangs gestellte Frage nach einer allgemeinen Beratungsmethodik? Zunächst bedeutet dies, dass die Erzählung durch den Ratsuchenden und der verstehende Bezug hierauf durch den Berater in methodischer Hinsicht den Kern der Beratung abgeben. Im Grunde lassen sich, will man sich dem methodischen Vorgehen in der pädagogischen Beratung nähern, drei Eigenschaften und Tätigkeiten des Beraters formulieren. Er muss erstens zuhören, er muss zweitens aus dem, was er gehört hat, etwas Neues bzw. Anderes erkennen und er muss drittens schließlich das Erkannte dem Ratsuchenden (auf-)zeigen. Damit der Berater in diesem Sinne tätig werden kann, ist er auf die Erzählung des Ratsuchenden angewiesen. Die Erzählung durch den Ratsuchenden ist die unabdingbare Voraussetzung für Beratung. Ob der Ratsuchende dann das vom Berater Aufgezeigte für das Verstehen der eigenen, aktuell schwierigen, Lebenssituation nutzen will oder kann und darüber hinaus gegebenenfalls sogar Veränderungen einleiten möchte, bleibt seiner Entscheidung überlassen.

Zur Rahmung der Beratung

Kann die Erzählung des Ratsuchenden und der sich darauf richtende verstehende Bezug durch den Berater in allgemein-methodischer Hinsicht als der Kern pädagogischer Beratung angesehen werden, dann lassen sich nun, folgt man den Erkenntnissen der rekonstruktiv angelegten Beratungsforschung (Overbeck & Kauz, 2007; Hechler, 2005; Haubl & Hausinger, 2009) allgemeine Merkmale zum Verlauf einer Beratung und zu den Rollen der Beteiligten ausführen.

Beratungsprozesse unterliegen im Grunde sechs Phasen (Schmitz & Bude & Otto, 1989). In der Eröffnungsphase stehen sich Ratsuchender und Berater als autonome Personen gegenüber. Hier finden die Begrüßung und mögliche Abklärungen hinsichtlich des Rahmens der Beratung statt. Die Eröffnungsfrage des Beraters im Sinne „Was führt Sie zu mir?" oder „Um welche Schwierigkeiten handelt es sich?" leitet dann die Phase der Datensammlung ein. Hier steht dann die Erzählung durch den Ratsuchenden im Mittelpunkt und ihm kommt hier das Darstellungsrecht zu; ein Recht, das es ihm ermöglicht, die Sachverhalte und Situationen so darzustellen, wie sie ihm erscheinen. In dieser Phase hört der Berater zu, hat aber die Möglichkeit, nachzufragen. Insofern ist die Phase der Datensammlung charakterisiert durch ein Wechselspiel von Erzählen und Nachfragen. Wenn der Eindruck entsteht, dass mit Hinblick auf die Fragestellung genügend Material gesammelt wurde, übernimmt der Berater nun eine interpretierende Funktion (Phase der Interpretation). Das, was er gehört, was sich durch seine Nachfragen weiter ergeben hat, wird Gegenstand seiner Deutung. Nun kommt dem Ratsuchenden mehr die Rolle des Nachfragers zu. Die Erzählung und die Interpretation führen in der darauf folgenden Phase zur Formulierung von Handlungsentwürfen, die sich dann auf einen machbaren Handlungsentwurf eng führen lassen. In der sich hierauf darauf beziehenden Phase der Stellungnahme muss sich der Ratsuchende zu dem hervorgebrachten Handlungsentwurf verhalten. Er kann den Entwurf ablehnen oder auch annehmen und beides bedarf prinzipiell keiner Begründung durch den Ratsuchenden. In der Beendigungsphase stehen sich dann Ratsuchender und Berater, wie in der Eröffnungsphase, wieder als autonome Subjekte gegenüber, die gegebenenfalls das weitere Vorgehen miteinander verabreden.

Ratsuchender	Berater
Darstellungsrecht/-monopol	Pflicht zum aktiven Zuhören
Antwortpflicht	Frage- und Dialogsteuerungsrecht
Entscheidungsmonopol	Deutungsmonopol

Abb. 14: Zusammenfassende Merkmale von Ratsuchendem und Berater

5.2 Spezielle methodische Aspekte eines pädagogischen Beratungsprozesses

Nach der ersten Annäherung an ein methodisches Verständnis pädagogischer Beratung geht es nun um die Darstellung von beratungsspezifischen Aspekten, die sich zwingend aus der Konzeptualisierung pädagogischer Beratung ergeben und dadurch auch die Spezifika pädagogisch begründeter Beratung deutlich machen.

Um diese (Prozess-)Elemente, die die pädagogische Beratung von anderen Formen der Beratung deutlich abheben, zu veranschaulichen, werden zu jedem Element Fallbeispiele angeführt. Diese Fallbeispiele sind der konkreten Beratungspraxis entnommen und selbstverständlich hinsichtlich der persönlichen Daten und Umstände der Ratsuchenden anonymisiert. Da die skizzierten Beratungsfälle überwiegend aus der beraterischen Praxis des Autors stammen, werden die Stellen, in denen der Berater vorkommt, in Form eines Ich-Erzählers ausgeführt.

5.2.1 Die Pädagogik des Problems

Im Mittelpunkt der Anfangsphase einer Beratung steht die Aufgabe, das Lebensproblem, wegen dem der Ratsuchende eine Beratung in Anspruch nehmen möchte, in ein Lernproblem zu transformieren. Diese pädagogische Reformulierung ist auch deswegen von besonderer Bedeutung, weil sich bei diesen Bemühungen zeigt, ob es sich überhaupt um ein Problem handelt, bei dem pädagogische Beratung vordringlich hilfreich sein kann.

Herr A. – ein Fall für die Erziehungsberatung?!

Herr A., ein Mann Mitte 40, sportlich, adrett gekleidet, sitzt, nachdem er telefonisch einen ersten Termin vereinbart hat, mir nun gegenüber. Herr A. führt aus, dass er sich in Trennung von seiner Frau befinde, mit der er drei Kinder habe. Da er aufgrund einer Beförderung nun für längere Zeit ins Ausland müsse, habe er sich überlegt, die Kinder mitzunehmen. Er habe sich auch schon vor Ort informiert und es sei alles kein Problem. Es gäbe dort einen internationalen Kindergarten und auch eine deutsche Schule. Er wisse nur nicht, wie sich das alles rechtlich machen lässt, denn er habe auch mit seiner Frau noch nicht über sein Vorhaben gesprochen. Aber er wolle nun wissen, wie er das rechtlich so „hieb- und stichfest“ angehen könne, dass seinen Plänen nichts im Wege stehe.

Herr B. – ein Fall aus der berufsbezogenen Beratung

Herr B. kommt völlig aufgelöst zu seinem ersten Termin. Er wisse nicht mehr weiter. Ich hätte ja sicherlich auch schon in der Presse erfahren, dass bei seiner Firma, bei der er schon 12 Jahre arbeite, mal wieder eine Restrukturierung anstehe. Da er seit Jahren keine innerbetriebliche Beförderung hatte, und bei der Firma das Prinzip „up or out" gelte, befürchte er nun, dass hier von Seiten seines Arbeitsgebers die Gelegenheit ergriffen werden könnte, ihn frei zu setzen. Dies sei aktuell sehr problematisch, weil sie sich als Familie gerade ein kleines Haus gekauft und sich sehr verschuldet hätten.

Frau C. – ebenfalls ein Fall aus der berufsbezogenen Beratung

Frau C., eine 34-jährige Frau, die am Arbeitplatz, so sagt sie, einen Nervenzusammenbruch erlitten habe und auf der Krankenstation ihrer Firma kurzfristig behandelt wurde, klagt seit dem über permanente Kopfschmerzen, Rauschen in den Ohren und Schwindelgefühl. Es sei auch kein Wunder, so Frau C., denn nach der Versetzung auf ihren jetzigen Arbeitsplatz sei alles „den Bach runter gegangen". Sie fühle sich isoliert, keiner der Kollegen würde sich mit ihr unterhalten und auch zuhause ziehe sich ihr Mann immer mehr von ihr zurück.

Kommentar

In allen drei Fällen stehen die Ratsuchenden sehr unter Handlungsdruck, so dass man auf den ersten Blick meinen könnte, hier müsse man schnell helfen. Schaut man sich aber die Beispiele etwas genauer an, dann wird deutlich, was Fertsch-Röver (2010) meint, wenn er zwischen Abklärung und eigentlicher Beratung unterscheidet. Herr A. war im Gespräch, obwohl sich viele Hinweise darauf ergeben haben, dass hier pädagogische Beratung hilfreich sein könnte, nicht bereit, sich dieser zuzuwenden. Es ging ihm eigentlich ausschließlich um die rechtliche Beratung. Die hat er dann auch bei einem Fachanwalt für Familienrecht gefunden, den der Berater vermitteln konnte. Die Abklärung Lebensproblem = Lernproblem ergab zunächst die (innere) Notwendigkeit einer anderen disziplinären (juristischen) Rahmung. Etwas anders verhält es sich mit Herrn B. und Frau C. In den Erzählungen wurden akute Problemstellungen deutlich – auf der einen Seite die drohende Kündigung, auf der anderer Seite die körperliche Verfassung –, die im Sinne der Ratsuchenden schnelle Abklärung erforderten. Herrn B. war zunächst damit sehr geholfen, dass er sich mit dem Betriebsrat seiner Firma austauschen konnte und hier die relevanten Handlungsentwürfe planen konnte. Mit Hinblick auf die Frage, wie er und seine Familie mit der drohenden Kündigung umgehen, wurde ihm ein Beratungsangebot unterbreitet. Frau C. musste hingegen ein weiteres Gespräch, das dem Erstgespräch zwei Tage später folgte, in Anspruch nehmen, um zu erkennen, dass es dringend geboten war, die körperlichen Symptome zunächst organmedizinisch abklären zu lassen. Dann ist es auch möglich, sich ihrer Wahrnehmung und Gefühlswelt zuzuwenden.

Anhand der Beispiele wird deutlich, dass die Grenze zwischen Abklärung und Beratung fließend ist. Mit Frau C. die Entscheidung vorzubereiten, einen Arzt aufzusuchen, kann schon beraterische Elemente aufweisen.

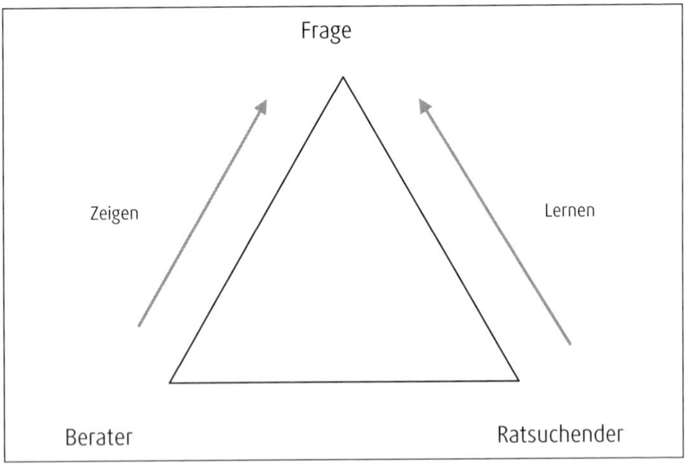

Abb. 15: Didaktisches Dreieck der Beratung

Die Transformation des Lebens- in ein Lernproblem kann aus beratungspraktischer Sicht gut zu Wege gebracht werden, wenn zunächst der Berater für sich überlegt, welche konkrete Fragestellung den Ratsuchenden in die Beratung führt, denn in den seltensten Fällen können Ratsuchende für sich gleich eine genaue Definition ihrer Frage geben. Hat der Berater von einer möglichen Fragestellung eine Idee entwickelt, geht es nun darum, diese Idee mit dem Ratsuchenden zu besprechen, um letztendlich zu einer gemeinsam geteilten Auffassung der Frage des Ratsuchenden zu kommen. Diese Fragestellung fasst nicht nur das Problem des Ratsuchenden, sie gibt gleichermaßen auch den Fokus der Beratung vor. Denn erst die Ausformulierung der Fragestellung gibt auch einen Hinweis darauf, was der Ratsuchende lernen müsste, um seine Frage für sich zu beantworten. Das heißt: Ohne Frage keine Beratung! Vordringlichstes Ziel des pädagogischen Beraters ist die Konstituierung und Aufrechterhaltung des didaktischen Dreiecks der Beratung, das aus dem Ratsuchenden, seiner Frage und dem Berater besteht.

Herr D. – noch mal ein Fall aus der berufsbezogenen Beratung

Herr D., 43 Jahre, Senior Partner eines international operierenden Unternehmens, sucht Beratung, weil er den Eindruck hat, seine „work-life-balance" sei nicht gut justiert. Im ersten Gespräch holt er ein Blatt Papier aus seiner Aktentasche und zeigt mir ein Diagramm, auf dem ich gegenläufige Linien erkenne. „Sehen Sie", so Herr D., „hier wird es ganz deutlich", er zeigt mit dem Finger auf die Grafik, „Ich muss nur *den* Teil meiner beruflichen Inanspruchnahme etwas senken und *den* Teil meines privaten Lebens etwas anheben, ... habe ich ihnen eigentlich schon gesagt, dass ich vor einem halben Jahr Vater von Zwillingen geworden bin?". Ich verstand zunächst gar nichts, nur, dass ich den Eindruck hatte, Herr D. glaube wohl, sein Leben funktioniere wie ein Equalizer, bei dem man nach Belieben die Höhen absenken und die Tiefen anheben kann, um zu einem ausgeglichenen Leben zu kommen. Trotz meines Unmuts vereinbarte ich zwei weitere Gesprächstermine mit Herrn D., die er auch gerne annahm.

Kommentar

Während der Gespräche wurde deutlich, dass Herr D. nun zum ersten Mal vor einer Situation stand, die ihn zu einer Entscheidung nötigte.

Bislang hatten sich immer die Anderen oder die Mitwelt anpassen müssen. Durch die Geburt seiner Kinder stellte er sich die Frage, wie er seine berufliche Eingebundenheit mit dem Wunsch, ein guter und präsenter Vater zu sein, vereinbaren konnte. Es ging also nicht mehr nun um bloße „work-life-balance", sondern um eine existentielle Fragestellung. Herr D. musste, so schien es jedenfalls, erstmals die Erfahrung machen, dass sich zwei Wünsche nicht vereinbaren ließen, und er musste lernen, dass eine Entscheidung für etwas auch immer eine Entscheidung gegen etwas ist.

Herr E. – Lebens- oder Paarberatung?!

Herr E., ein sympathischer 25-jähriger Mann, der in seinem Erscheinen eher jünger und spitzbübisch wirkt, druckst im ersten Gespräch herum: Er habe da eine Frau kennen gelernt, eigentlich sei kennen gelernt schon leicht untertrieben, denn er habe mit ihr schon intensiv Zärtlichkeiten ausgetauscht und beide hätten sehr intensive Gefühle füreinander entwickelt. Diese Gesprächseröffnung ließ mich vermuten, dass, obwohl ja alles zunächst sehr erfreulich klingt, irgendwo ein Haken sein müsse, denn sonst wäre Herr E. ja nicht hier. Und er führte dann weiter aus, dass sich beide auch schon über eine gemeinsame Wohnung Gedanken gemacht hätten, denn sie seien ja schließlich schon seit zwei Jahren zusammen. An dieser Stelle erlebte ich eine Irritation, da der Gesprächsauftakt auf eine neue Bekanntschaft hinwies, die weiteren Ausführungen aber auf eine schon länger bestehende Beziehung schließen ließen. Im Laufe des Gespräch klärte sich die Situation dahingehend, dass Herr E. immer noch bei seiner Mutter wohne – trotz geregeltem Einkommen und sicherer Berufstätigkeit –, diese nichts von der Beziehung wisse und er es ihr auch nicht zumuten könne, sie zu verlassen.

Kommentar

In den auf das erste Gespräch folgenden weiteren Gesprächen wurde deutlich, dass Herr E. noch nie länger als eine Woche von zuhause weg war. Er habe das Gefühl, er würde seine Mutter im Stich lassen und habe jedes Mal, wenn er sich mit seiner Freundin treffe, ein schlechtes Gewissen. Er fühle sich dann als Verräter. Vereinbart wurde mit Herrn E., zunächst zu schauen, was es ihm mit Hinblick auf die Trennung von seiner Mutter so schwer macht und auf dieses Verstehen aufbauend einen Zukunftsentwurf zu entwickeln, der für ihn die Möglichkeit eines bejahenswerten Lebens beinhaltet.

An den Beispielen wird deutlich, dass es in der pädagogischen Beratung nicht vordringlich um die Person des Ratsuchenden geht, sondern um dessen Frage! Alle beraterischen Bemühungen richten sich auf die Beantwortung der Frage mittels Initiierung von Lernmöglichkeiten. Es geht nicht darum, Personen zu verändern, sondern mittels Lernen auf ihre Zustände in dem Sinne einzuwirken, dass sie wieder in die Lage versetzt werden, ihre Angelegenheiten selbst bestimmt zu regeln. Dieser Blickwinkel unterscheidet Beratung auch von Psychotherapie, die doch überwiegend auf Persönlichkeitsveränderung abhebt.

Im Rahmen des pädagogischen Beratungsprozesses muss dann auch immer darauf geachtet werden, dass die Fragestellung nicht aus dem Fokus gerät. Sonst droht der Zusammenbruch des didaktischen Dreiecks. Beratungspraktisch muss dann mit dem Ratsuchenden geklärt werden, ob sich seine Fragestellung verändert hat oder ob nicht andere Wünsche das aktuelle Beratungsgeschehen gestalten. Die Pädagogik des Problems bedeutet in diesem Sinne auch, dass totale, auf die ganze Person des Ratsuchenden bezogene Selbstbeschreibungen und damit zusammenhängende Beziehungswünsche in einzelne Erlebens- oder Verhaltensweisen umformuliert werden müssen, die dann erst beratbar werden.

Von Trinkern, Lügnern und Betrügern

Ratsuchende, die von sich sagen, dass sie aufgrund ihres Alkoholkonsums Trinker sind oder dass sie sich als Lügner bezeichnen, wenn sie nicht die Wahrheit sagen oder sich als Betrüger begreifen, wenn sie andere täuschen oder übervorteilen, mag ja auch aus Sicht einer Gestehens- und Sündenpädagogik, wie beispielsweise die Anonymen Alkoholiker eine darstellt, richtig und wichtig sein. Und in psychotherapeutischen und in beraterischen Zusammenhängen geht es ja auch um die Anerkennung und die Auseinandersetzung mit der Wahrheit und deren Konsequenzen. Aber sowohl aus Sicht der Psychotherapie als auch aus Sicht der pädagogisch begründeten Beratung haben diese totalen Selbstdefinitionen eher einen entwicklungs- und veränderungshemmenden Effekt. Ein Lügner, Trinker, Betrüger zu sein hat etwas Statisches, das es hinzunehmen gilt. Entwicklungs- und veränderungsrelevant wird die Transformation von einer sich auf die ganze Person beziehenden Selbstdefinition zur Beschreibung veränderbaren Verhaltens und Erlebens. Der Berater tut gut daran, zum Beispiel auf die Aussage des Ratsuchenden, er sei ein Trinker, zu entgegnen: „So, Sie trinken also?!" (gleiches gilt für den Betrüger – „Sie betrügen?!" und für den Lügner – „Sie lügen?!"). Denn durch diese Beschreibung wird es erst möglich, dass der Ratsuchende für sein Erleben und Verhalten Verantwortung übernimmt, er dazu Stellung nehmen und den Ursachen auf den Grund gehen kann. Beratungsmethodisch wird diese Transformation, die aufklärenden Charakter hat und Selbstbestimmung ermöglicht, durch eine explikative sokratische Gesprächsführung zu Wege gebracht (siehe 5.2.4).

5.2.2 Die Frage und das signifikante Lernen

Ist es gelungen, zu einer gemeinsamen Auffassung der Frage des Ratsuchenden zu kommen, die pädagogisch beratbar ist, die die Thematik der Beratung fokussiert und deren Klärung und Lösung Gegenstand der Beratung ist, dann muss diese Frage im Lichte des Wissen-, Können- und Leben-Lernens betrachtet werden. Ziel ist es, herauszufinden, welchem Bereich das auf die Frage bezogene, notwendige, signifikante Lernen zuzuordnen ist. Geht es eher darum, Information zur Verfügung zu stellen oder an geeignete Orte zu verweisen, an denen das Wissen verfügbar ist. Denn häufig lassen sich Fragestellungen, die die personale Selbstbestimmung einschränken, durch Wissensvermittlung beantworten.

Herr F. – eine Sexualberatung?!

Herr F., ein 24-jähriger Mann, sitzt mir völlig aufgelöst gegenüber. Er habe versagt, so seine Aussage, und es werde auch nicht wieder besser, sondern eigentlich nur schlimmer. Auf meine Frage hin, was er denn genau damit meine, versagt zu haben, antwortete er, seine Freundin, die seine erste intime Partnerin ist, und er haben nun seit mehreren Monaten mehrfach in der Woche Sex miteinander. Vor ungefähr zwei Wochen aber konnte er, nachdem er zweimal mit ihr geschlafen habe, kein drittes Mal mehr. Er sei seit dem völlig fertig und würde daran denken, sich bei einem Arzt ein Potenzmittel verschreiben zu lassen. Gleichzeitig würde es ihn aber auch sehr wundern, dass sich seine Freundin überhaupt nicht beschwere.

Kommentar

Nachdem durch eine genaue Exploration festgestellt werden konnte, dass Herr F. sein sexuelles Wissen überwiegend dem Konsum pornographischer Medien verdankte, konnte ihm der Hinweis darauf, dass eine gewisse Zeit zwischen mehrfachem sexuellen Verkehr aus physiologischer Sicht völlig normal sei und dass pornographisches Material nicht unbedingt die sexuelle Wirklichkeit abbilde, beruhigen und er ging erleichtert – fast jubilierend – nach Hause. Selbstverständlich wäre es auch möglich gewesen, unausgesprochene Themen, die mit der Fragestellung zusammenhängen, zu thematisieren. Es macht aber zunächst Sinn, sich am Beratungsbedarf, der hier eindeutig ein Informationsbedarf war, zu orientieren.

Es kann aber auch sein, dass der Ratsuchende über ausreichendes Wissen verfügt, ihm es aber trotz dessen nicht gelingt, dieses so einzusetzen, dass er dadurch sein Problem lösen kann. Wissen wird erst durch Übung und regelmäßige lebenspraktische Anwendung alltagstauglich.

Frau G. – eine Lebensberatung

Sie habe nun schon alles getan, um endlich einen Partner kennen zu lernen, so die einführende Feststellung von Frau G., einer 35-jährigen Frau, die einmal geschieden sei. Es klappe aber nicht. Seit der Trennung von ihrem Mann vor zwei Jahren habe sie keinen Kontakt mehr zu Männern gehabt, sieht man mal von den Arbeitskollegen ab. Sie sei irgendwie aus der Übung. Zwar wisse sie viel über das andere Geschlecht, könne sich gut in Männer einfühlen und habe eigentlich auch keine Berührungsängste, doch sei es bisher noch nie zu einer Verabredung gekommen.

Kommentar

Frau G. gibt eigentlich schon den Hinweis darauf, auf welches signifikante Lernen es bei ihrer Fragestellung ankommt: Sie sei aus der Übung. In den weiteren Gesprächen wird deutlich, dass sich Frau G. sehr gut auf mögliche Treffen vorbereite, und dies nicht in einer daraus folgenden zwanghaften Erwartungshaltung, sondern ziemlich entspannt. Sie steht aber völlig ratlos vor der Frage, wie sie eine mögliche Verabredung erreichen könnte. Zum Motto der Beratung wurde: „Es gibt nichts Gutes, außer man tut es", und über weite Strecken war die Beratung ein Ort an dem probehandelnd geübt wurde und der dann zur Reflexion der gemachten Erfahrungen zur Verfügung stand.

Schließlich besteht noch die Möglichkeit, dass sowohl ausreichendes Wissen als auch ausgebildetes Können festgestellt werden kann, gleichsam aber spezifische, zumeist unbewusste Haltungen und Vorstellungen partiell einem funktionalen Einsatz im Leben des Ratsuchenden entgegenstehen. Es ist dann davon auszugehen, dass die (Lebens-)Form, die der Ratsuchenden in der erzieherischen Auseinandersetzung mit seinen signifikant Anderen ausgebildet hat, für das Auftreten und die Aufrechterhaltung des aktuell zutage getretenen Problems verantwortlich ist.

Frau H. – eine weitere Lebensberatung

Frau H., eine 42-jährige Frau, die aktuell die Personalabteilung eines großen Unternehmens führt, kommt in die Beratung, weil sie wissen will, ob sie ihre Stelle kündigen soll. Mit Hinblick auf ihren Lebenslauf erfahre ich, dass Frau H., die ihr Jurastudium trotz ihrer beiden Kinder zu Ende gebracht habe, in glücklicher Ehe in einem geräumigen Haus wohne, das Dank der Gehälter von beiden Ehegatten in drei Jahren abbezahlt sei. Auch gäbe es sonst keine Probleme, nur eben das eine, dass ihr Mann arbeitslos geworden wäre. Herr H. habe darauf hin mehrere Bewerbungen geschrieben und auch die Aussicht auf eine neue Anstellung in absehbarer Zeit sei nicht schlecht. In der Zwischenzeit könne Frau H., so die Klärung mit ihrem Arbeitgeber, ihre Teilzeitstelle kurzfristig auf eine ganze Stelle erhöhen. Trotz dieser gar nicht mal so schlechten Aussichten war Frau H. sehr verzweifelt und wusste eigentlich selbst nicht so sehr warum.

Kommentar

Im Rahmen eines lebensgeschichtlichen Gesprächs konnte herausgearbeitet werden, dass Frau H. von ihrer Mutter vermittelt bekommen hat, als Frau gehöre es sich nicht zu arbeiten, denn eine Frau sollte doch für den Mann, die Kinder und den Haushalt da sein. Das sei nun mal die Bestimmung einer Frau. Frau H. realisierte dann gegen den Willen und ohne Unterstützung ihrer Eltern ihr Jurastudium, in dessen Verlauf sie ihren zukünftigen Mann kennen lernte. Sie heirateten schnell und bekamen auch bald ihr erstes Kind. Frau H. schloss ihr Studium mit sehr gutem Erfolg, trotz ihrer Beanspruchung durch Haushalt und Kind ab. Als die Kinder, das zweite Kind kam kurz nach dem Studienabschluss, etwas größer waren, begann sie in Teilzeit wieder zu arbeiten. Ihr Mann arbeitete in Vollzeit. So war ein Arrangement geschaffen, das sich gut als tragfähiger Kompromiss herausstellte. Als ihr Mann dann allerdings arbeitslos wurde, drohte ihre Kompromisslösung zu scheitern, da sie nun – zumindest kurzfristig – die Rolle des „Familienernährers" übernehmen sollte. Hier kam sie mit der verinnerlichten Haltung, die auch schon nicht mehr dem Bewusstsein direkt zugänglich war, in Konflikt. Sie sah nur noch den Weg der Kündigung, um diesem Dilemma zu entkommen. Die Beratung half aufklärerisch in dem Sinne, dass im Mittelpunkt der beraterischen Bemühungen die Einstellungen und Haltungen von Frau H. zu diesem Thema standen. Durch das Erkennen und Verstehen der handlungsleitenden Maximen, konnte Frau H. eine gute und vernünftige Entscheidung in ihrem Sinne treffen.

Pädagogische Beratung ringt also zunächst um die Formulierung einer Fragestellung, die auf einen Lernbedarf hinweist, und um eine Einschätzung, welcher Art das Wissen sein muss, um den spezifischen Lernbedarf auszugleichen und damit die Beantwortung der Fragestellung zu ermöglichen. Dieses Ringen gleicht einer Suchbewegung und hat Zirkelstruktur, denn die menschliche Lebenspraxis und die Praxis der pädagogischen Beratung zeigen, dass eine einmal getroffene Einschätzung veränderbar und/oder erweiterbar sein muss. Es kommt nicht selten vor, dass an den Haltungen gearbeitet wird, im Laufe der Beratung aber Wissensdefizite auftreten, bei denen es dann einzuschätzen gilt, ob deren Behebung zur Beantwortung der Fragestellung beiträgt oder ob sich auf diesem Wege eine neue Fragestellung ergibt.

Dieser skizzierte und nur schwer vorher sehbarer Prozess ist aber an sich schon pädagogisch-beraterisch wirksam, weil er aufklärt! Aufklärung in dem Sinne, dass der Ratsuchende, dem ja zunächst die Welt, die anderen oder er sich selbst zur Frage geworden sind und er nicht weiß, warum, im Verlauf dieser gemeinsamen Verstehensbemühungen zwar nicht gleich seine Lösung gefunden hat, er nun aber seine Situation besser verstehen kann, und dieses Verstehen bewirkt eine Wiederherstellung von Handlungsautonomie, lockert unbewusste Abhängigkeiten und führt zu einer Wiedereinsetzung der eigenen Autorenschaft für das eigene Leben.

5.2.3 Die Zeigestruktur der Beratung

Nach dem die Fragestellung geklärt, der Lernbedarf und das darauf bezogene signifikante Lernen eingeschätzt wurden, wendet sich der pädagogisch-beraterische Prozess dem Lernen des Ratsuchenden zu. Hauptaufgabe in dieser Phase der Beratung ist es, Lernmöglichkeiten innerhalb der Beratung entstehen zu lassen, deren Nutzung dem Ratsuchenden hilft, seinen signifikanten Lernbedarf auszugleichen und seine Frage für sich zu beantworten. Die grundlegende Struktur der Initiierung von Lernoptionen durch den Berater ist, wie an anderer Stelle bereits ausgeführt, das Zeigen. Durch das Zeigen (das Aufzeigen, das Hinweisen), das die Fragestellung und das Lernen des Ratsuchenden im Blick hat, entstehen Lernmöglichkeiten. Abhängig von der Frage und von dem daraus abgeleiteten Lernbedarf und dem darauf bezogenen Wissen, nehmen die zeigenden Bemühungen eher einen direktiven, ostensiven, repräsentativen oder reaktiven Charakter an. So gilt es vielleicht vordringlich – wie bei Herrn F. –, Wissen zu vermitteln, oder aber den Ratsuchenden – als Beispiel ist hier Frau G. anzuführen – in seinen übenden Versuchen zu unterstützen. Ebenso kann das Aufzeigen von dysfunktionalen Haltungen, zum Beispiel die mittlerweile unbewusste Vorstellung von Frau G., dass erfolgreiche Berufstätigkeit und Familie nicht zusammenpassen, angebracht sein, um entsprechendes Umlernen zu initiieren. Darüber hinaus gilt in allen Fällen, dass der Ratsuchende ein Recht auf Rückmeldung hinsichtlich seiner Lernbemühungen hat. So entsteht ein produktiver Kreislauf von Aufzeigen, Aufnehmen, Verhalten, das auch ein Nicht-Verhalten oder ein Anders-Verhalten selbstverständlich mit einschließt, und nicht wertende Rückmeldung auf das Verhalten. Die Rückmeldung kann dann auch wieder als ein Aufzeigen aufgefasst werden. So lässt sich grob die Zirkelstruktur der pädagogischen Beratung umreißen.

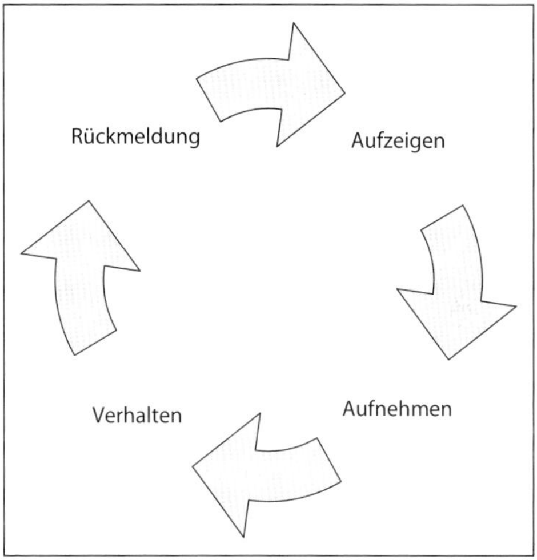

Abb. 16: Die Zirkelstruktur der Beratung

Was für die Verstehensbemühungen hinsichtlich Fragestellung, Lernbedarf und Wissen gilt, gilt in gleicher Weise auch für die zeigenden Bemühungen. Pädagogische Beratung, will sie eine Hilfe zum Leben sein, wird nie nur einförmig verfahren. So wie sich Fragestellungen verändern oder weiterentwickeln, so wie sich der Lernbedarf verändert, so muss hierauf auch das Zeigen abgestimmt werden. An dieser Stelle wird deutlich, dass sich Beratung als Erziehungsmittel vom Unterrichten unterscheidet. Weiß der Lehrer, was er unterrichten möchte, was am Ende der Stunde besprochen und gelernt werden sollte und wie das Zeigen am besten auf das Ergebnis bezogen ausgerichtet sein sollte, so verhält es sich in der Beratung fast umgekehrt. Hier gibt der Ratsuchende sein Thema vor, auf das sich das Zeigen des Beraters richtet, dann wird vom Ratsuchenden entschieden, ob das Gezeigte als nutzbringend empfunden wird oder ob er es zurückweist und damit einen neuen Sachverhalt oder eine Situation hervorbringt, auf die sich nun erneut das Zeigen richtet.

5.2.4 Das methodische Dreieck der Beratung

Wie aber artikuliert sich auf der interventionspraktischen Ebene die Zeigestruktur der Beratung? Konstitutionstheoretisch interessant ist, dass genau an dieser Stelle die meisten beraterischen Konzeptualisierungen ansetzen oder überhaupt erst von dort ihren Anfang nehmen. Diese Stelle markiert die Ebene der konkreten Interventionspraxis, also die Frage nach dem Wie! Gegenstand dieser Ebene sind das methodische Vorgehen und die spezifischen beraterischen Interventionstechniken. Von besonderer Bedeutung ist aber, dass pädagogische Beratung nicht vordringlich durch das methodisch-technische Vorgehen zu pädagogischer Beratung wird, sondern, wie oben gezeigt, durch die pädagogische Begründung und durch die disziplinäre und professionelle Rahmung des Lebensproblems des Ratsuchenden. Wenn dies gegeben ist, kann von pädagogischer Beratung gesprochen werden. Was die methodische Seite der pädagogischen Beratung anbelangt, so können hier durchaus Methoden aus anderen Disziplinen und Professionen zur Anwendung kommen, vorausgesetzt sie bewegen sich im klar umrissenen Feld pädagogischer Beratung. So können zum Beispiel die psychoanalytisch inspirierte Deutung, die verhaltenstherapeutischen Expositionstechniken, das empathische Spiegeln der Gesprächpsychotherapie oder das zirkuläre Fragen der Systemischen Therapie/Familientherapie durchaus als Formen des Zeigens mit Hinblick auf ein existentiell-signifikantes Lernen des Ratsuchenden verstanden werden. Im Grunde kann jede Technik einer psychotherapeutischen Richtung darauf befragt werden, ob sie dazu geeignet ist, dem Ratsuchenden mit Hinblick auf seinen Lernbedarf etwas signifikant zu zeigen. Ist dies der Fall, kann die Technik auch reflektiert in der Beratung im pädagogischen Paradigma eingesetzt werden.

Bevor sich der pädagogische Berater diesen ergänzenden Techniken zuwendet, sollte er allerdings sein „einheimisches Handwerkszeug" kennen und damit umgehen können.

Aus dem pädagogischen Begründungszusammenhang von Beratung ergeben sich konsequenterweise Gesprächstechniken, die geeignet sind, sowohl dem allgemeinen pädagogischen Begründungszusammenhang als auch dem einzelnen Ratsuchenden mit seiner spezifischen Fragestellung zu entsprechen. Wenn Mündigkeit, Aufklärung, Selbsttätigkeit, Lebenslauf, Lernen und Zeigen zentrale Begrifflichkeiten pädagogischer Beratung abgeben, dann liegt es auf der Hand, klassisch-traditionelle Lehr-/Lerntechniken auf ihre Brauchbarkeit für ein methodisch kontrolliertes Vorgehen in der pädagogischen Beratung zu prüfen.

Sokratischer Dialog (Mäeutik), hermeneutische Interpretation (Hermeneutik) und rhetorische Rahmung (Rhetorik) der beraterischen Situation konstituieren das methodische Dreieck der Beratung.

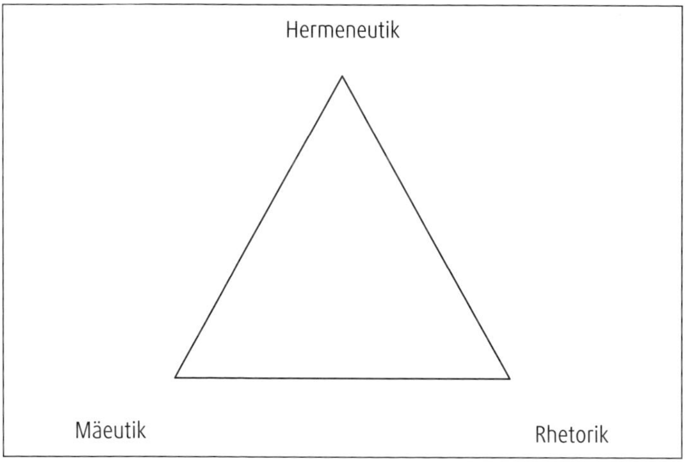

Abb. 17: Methodisches Dreieck der Beratung

Wenn hier von Mäeutik, Rhetorik und Hermeneutik die Rede ist, dann sind damit nicht die theoretische Rhetorik, Hermeneutik und Mäeutik als wissenschaftliche Disziplinen gemeint, sondern ausschließlich die daraus abzuleitenden interventionspraktischen Prinzipien.

Rhetorik

Doch zunächst zur Rhetorik (vgl. Ueding & Steinbrink, 2005; Göttert, 1998). Für den unterrichtenden Erzieher stellen die handlungspraktischen Wissensbestände ein unentbehrliches Fundament dar, auf dem sich seine Unterrrichtskunst entfalten kann. Das Wissen darum, wie man sich auf ein Thema, das gelernt werden soll, am besten vorbereitet – nämlich dadurch, dass man erst Argumente ausfindig macht (inventio), dann den Vortrag gliedert (dispositio), die Gedanken zum Thema sprachlich einkleidet (elocutio), sich die Hauptargumentationsstränge einprägt (memoria) und letztendlich dann sein Thema präsentiert und darstellt (pronuntiatio) – ist bzw. sollte Grundlagenwissen der Lehrer sein. Für den beratenden Erzieher ist dieses Wissen zwar relevant, kann aber nicht planerisch eingesetzt werden, da das Thema ja vom Ratsuchenden bestimmt wird. Von Bedeutung wird aber das Wissen um die mögliche Redegattung, die dem Thema und dem Kontext angemessen ist. Seit Aristoteles (1999) kann zwischen Gerichtsrede, Beratungsrede und Lob- und Festrede unterschieden werden. Allen Gattungen sind allerdings die Redeteile, die sich mit Hinblick auf das zur Sprache kommende Thema dann unterschiedlich ausgestalten, gemeinsam. So geht man üblicherweise von einer Einleitung (exordium) aus, in dem der Redner versucht, die Aufmerksamkeit des Zuhörers bzw. der Zuhörerschaft zu erlangen, auf die dann eine Erzählung (narratio) als Schilderung des Sachverhaltes oder der Situation, um die es geht, folgt. Auf die Erzählung bezieht sich dann die Gliederung (proposition) als eine Form der nachfolgenden Begründung, die dann in die Beweisführung (argumentatio) übergeht. Dies ist der Teil, in dem über die zur Diskussion stehende Fragestellung argumentativ beraten wird. Den Abschluss bildet der Redeschluss (peroratio), bei dem nochmals zusammenfassend an die innere Beteiligung der Zuhörerschaft appelliert werden kann. Am deutlichsten kann man diese Aufteilung bei einem Plädoyer im Rahmen einer Gerichtsrede beobachten. Das, was aber die Rhetorik für den beratenden Erzieher überaus attraktiv macht, ist die Vorstellung von den Wirkungsweisen (officia oratoris) einer guten Rede (Quintilian, 2006; Cicero, 2003). Demnach sollte eine gute Rede belehrend und argumentativ (docere et probare), gewinnend und erfreuend (conciliare et delectare) und rührend und bewegend (flectere et movere) sein. In dieser Hinsicht stellt die Rhetorik als Lehre vom richtigen Sprachgebrauch, der nicht auf Manipulation abhebt, sondern auf Argumentation und Plausibilität, eine rhetorisch-pädagogische Stimmungslehre (Koch, 1997) bereit, die es dem Berater ermöglicht, eine dem Beratungsprozess zuträgliche affektive Stimmung zu erzeugen. Erst die innere Beteiligung und Betroffenheit und die damit einsetzende emotional-affektive Verstörung ermöglichen dem Ratsuchenden, seine bisherigen Erlebens- und Verhaltensweisen, die sich bei der Lösung der existentiellen Fragestellung als nicht sehr hilfreich erwiesen haben, zu überwinden und alternative Formen hervorzubringen.

Vom pädagogischen Berater muss in methodischer Hinsicht ein allgemeines rhetorisches Können erwartet werden. Denn die praktische Rhetorik – obwohl sie im Beratungsfall eher das allgemeine beraterische Können thematisiert – stellt eine zentrale Hilfslehre für die sokratische Gesprächsführung und die hermeneutische Interpretation bereit.

Mäeutik

Der sokratische Dialog kann als *das* methodische Verfahren der pädagogisch begründeten Beratung angesehen werden. Die Mäeutik bezeichnet ein pädagogisches Verfahren, das darin besteht, nicht durch Belehrung, Unterricht und Information, sondern durch geschicktes Fragen zur Erkenntnis zu führen. Hierbei übernimmt der Lernende nicht bloß rezeptiv fremdes Wissen, sondern erzeugt das relevante Wissen Schritt für Schritt selbst. Das Besondere am sokratischen Dialog ist, dass es sowohl im Bereich der Didaktik (Nelson, 1975; Birnbacher & Krohn, 2002) als auch im pädagogisch-therapeutischen Bereich verankert ist. Mit Hinblick auf das erzieherisch-methodische Handeln formuliert die Mäeutik sowohl für das erzieherische Gespräch als auch für die pädagogische Beratung handlungsleitenden Prinzipien. Zentrale Annahmen der Mäeutik, die dann auch gleichzeitig die Grundlage für die sokratische Gesprächsführung in der Beratung abgibt, ist erstens die Vernunftbegabung des Menschen, die es ihm prinzipiell ermöglicht, mit Hinblick auf eine zu treffende Wahl rational begründete und plausible Entscheidungen zu treffen. Das heißt, pädagogisch begründete Beratung geht zunächst, im Gegensatz zu Freuds Annahme, dass der Mensch nicht Herr im eigenen Haus sei, davon aus, dass der Mensch sehr wohl in der Lage ist, nach Gründen differenziert zu handeln. In diesem Zusammenhang steht die zweite Grundannahme der Mäeutik: „Nicht die Dinge selbst beunruhigen die Menschen, sondern ihre Meinungen und Urteile über die Dinge“ (Epiktet, 1992, S. 11). Das heißt, dass, wie Epiktet weiter ausführt, der Tod an sich nichts Furchtbares ist, sondern ihn erst die Meinung, er sei etwas Furchtbares, zu etwas Furchtbarem macht. An den Vorstellungen über etwas setzen dann auch die zeigenden Bemühungen an, denn es wird davon ausgegangen, dass Vorstellungen, die mit einer Fragestellung verbunden sind, zum einen häufig nicht bewusst und zum anderen nicht funktional in dem Sinne sind, dass sie zur Klärung der Fragestellung beitragen könnten. Drittens schließlich richten sich die sokratisch-zeigenden Bemühungen immer auf eine konkrete Fragestellung aus der Lebenspraxis des Ratsuchenden. Auch hier gilt: Ohne Fragestellung kein sokratischer Dialog.

Disputformen	**Fragetechniken**
Empirischer Disput	„Muss das so sein?" „Wie wahrscheinlich ist es, dass…?" „Ist das bei allen Menschen so?" „Immer?" …
Logischer Disput	„Wie kommen Sie darauf?" „Weshalb sollte dies so sein?" „Wieso ist das nur bei Ihnen so?" „Können Sie das verändern?" …
Normativer Disput	„Woher kennen Sie diese Norm?" „Welche Normen sprechen denn dafür?" „Welche Ansichten gibt es noch?" „Was bewegt Sie dazu?" …
Funktionaler Disput	„Kommen Sie so zu Ihrem Ziel?" „Welche Konsequenzen hat das?" „Welche Alternativen sehen Sie?" „Hilft Ihnen das?" …

Abb. 18: Disputformen und Fragetechniken

Die sokratisch-dialogischen Bemühungen haben sich immer auf die explizierte Frage des Ratsuchenden zu beziehen.

In methodischer Hinsicht zeichnet sich der sokratische Dialog zum einen durch eine spezifisch fragende Grundhaltung des Beraters aus, die sich zwar als künstliche Naivität bezeichnen lässt, letztendlich aber auf die Expertise des Nicht-Wissens (Buchinger, 1997) verweist. Eine professionelle Haltung des Nicht-Wissens, die sich ja auch zwingend aus der Struktur der Beratung ergibt, zu realisieren, ist zentrale und hauptsächliche Aufgabe des pädagogischen Beraters. Zum anderen fasst der sokratische Dialog eine Vielzahl von Disputations- und Fragetechniken, die es dem Berater ermöglichen, methodisch geleitet auf das signifikante Lernen des Ratsuchenden einzuwirken. Stavemann (2002, 2008) unterscheidet in empirische, logische, normative und funktionale Dispute.

Mit Hilfe der Disputationstechniken lassen sich dann auch die auf die jeweilige Fragestellung des Ratsuchenden bezogenen sokratischen Dialoge führen. Blickt man auf die Fragestellungen, die einen Ratsuchenden in die Beratung führen können, lassen sich drei sokratische Dialogformen unterscheiden.

Der *explikative sokratische Dialog* ist insbesondere dann geeignet, wenn eine Unsicherheit mit Hinblick auf die eigene Person, eine Selbstwertproblematik, eine Problematik des Umgangs mit den eigenen Gefühlen besteht oder allgemein die Frage nach dem Sinn des Lebens aufgeworfen wird.

Herr I. – eine Erziehungsberatung

Herr I., ein 35-jähriger Vater, berichtet in der Beratung, er habe sich das mit der Kindererziehung ganz anders vorgestellt. Er habe nach der Geburt seines Sohnes ein Jahr Elternzeit in Anspruch genommen, um sich um Lukas, der nun 2,5 Jahre als ist, zu kümmern. Das sei ja auch alles ganz prima gewesen, doch komme er immer wieder mit Lukas in Situationen, in denen er überhaupt nicht mehr gelassen reagieren könne. Er würde dann laut werden und habe das Gefühl, dem Kind völlig zu Unrecht etwas zuzumuten. Danach habe er große Schuldgefühle und sei nun doch zu der Überzeugung gekommen, dass er kein guter Vater sei. Ich fragte ihn darauf, was denn aus seiner Sicht ein guter Vater sei, worauf er entgegnete, einer, der sich „im Griff" hat und der nie laut wird und ungerecht zum Kind ist. Herr I. verdeutlichte seine Gedanken am Beispiel des täglichen Zähneputzens, das sein muss, gegen das sich Lukas aber gelegentlich mit „Händen und Füßen" wehren würde. Nur mit einem mehr oder weniger körperlichen Einsatz könne dann die Forderung nach dem Zähneputzen durchgesetzt werden. Hierauf entgegnete ich, dass es aus seiner Sicht wohl so sei, dass ein Vater, der sich um das Zähneputzen seines Kindes kümmert, ein schlechter Vater sei. Herr I. war verblüfft und stellte klar, dass dies so nicht gemeint war. Gemeinsam konnte dann im Verlauf des weiteren Gesprächs festgestellt werden, dass es offensichtlich ein Kennzeichen guter Elternschaft ist, den Kindern auch etwas zuzumuten, was diese zwar nicht wollen, doch für ihr Wohlergehen wichtig ist. Ich erläuterte in diesem Zusammenhang den Begriff der „verantworteten Schuld" (Figdor, 1999) und wir konnten so einen alternativen Begriff für einen guten Vater herstellen.

Kommentar

Der explikative sokratische Dialog geht immer von der Vorstellung eines Sachverhalts oder einer Situation aus, auf die sich ganz naiv die Frage nach dem Wesen des Sachverhalts oder der Situation stellt: „Was ist denn eigentlich ein guter Vater allgemein?". Wenn hierüber disputiert wurde, wird diese Vorstellung mit der Alltagspraxis, also mit konkreten Szenen, zusammengebracht und nochmals genau verdeutlicht. Nun kann eine Widerlegung mittels Disput stattfinden, an deren Ende eine gemeinsame Suche nach alternativen Lesarten steht. Diese werden dann nach Gründen der Plausibilität und Rationalität untersucht und führen im gelingenden Fall zu einer alternativen Sichtweise des eingangs vorgebrachten Sachverhalts.

Der *normative sokratische Dialog* hingegen ist dann angebracht, wenn es um die Beantwortung einer Frage im Sinne des „Darf ich das?!" geht. Gegenstand sind also (geplante) Handlungen und Einstellungen, bei denen sich der Ratsuchende nicht ganz im Klaren ist, ob sie seinen eigenen Moralvorstellungen oder denen der Gesellschaft entsprechen und er somit in einen (Entscheidungs-)Konflikt gerät.

Frau J.

Frau J., eine 30 Jahre alte Frau, kann nicht mehr, so sagt sie in der Beratung. Sie sei verheiratet, habe drei Kinder, habe viel in beruflicher Hinsicht „zurückstecken" müssen und nun sei auch noch ihr Mann wegen eines Unfalls – er sei bei der Ernte der Äpfel vom Baum gefallen – chronisch eingeschränkt. Er habe einen Hüftschaden davon getragen. Er sei bei vielen alltäglichen Verrichtungen auf ihre Unterstützung angewiesen. Sie überlege es sich nun, sich von ihm zu trennen, da auch die Kinder mittlerweile aus dem „Gröbsten" heraus seien. Ich bot ihr an zu schauen, welche Vorstellungen denn für ihre Entscheidung relevant wären, und wir versuchten dann gemeinsam, die moralischen Normen und ethischen Vorstellungen zu gewichten und abzuwägen. Frau J. kam während diesem Urteilsbildungsprozess zu der Entscheidung, dass eine Trennung für sie – vor dem Hintergrund der Abwägung, was dies für die Kinder bedeuten könnte – das Beste wäre.

Kommentar

Auch der normative sokratische Dialog geht von einer Fragestellung aus, die sich nun aber eher auf Wertvorstellungen bezieht. Die Fragestellung sollte konkretisiert und einen Alltagsbezug hergestellt werden. Von dieser Erlebensnähe aus werden dann ethisch-moralische Werte oder Normen gesammelt und darauf geprüft, inwieweit sie die Fragestellung berühren und ob sie entscheidungsrelevant sind. Nach der Sammlung von Vorstellungen werden diese dann disputierend gewichtet und gegeneinander abgewogen. Im besten Fall ergibt sich hier eine Präferenz, die dann noch einmal individuell betrachtet werden muss, um als persönliche Lösung in Betracht zu kommen.

Der *funktionale sokratische Dialog* ist dann angezeigt, wenn geprüft werden soll, ob die Haltungen, Einstellungen und Handlungen des Ratsuchenden für seine Lebensziele (noch) sinnvoll, funktional und damit zielführend sind.

Herr K.

Herr K., ein 20-jähriger Mann, möchte nun nach seinem Zivildienst ein Studium aufnehmen. Sein Berufswunsch sei Psychotherapeut und er habe sich auch schon über die „Blätter zur Berufskunde“ über diesem Beruf und über die Voraussetzungen informiert. Er wolle auf alle Fälle kein Medizin- oder Psychologiestudium absolvieren, weil er – auch bedingt durch den Zivildienst – eher ein geisteswissenschaftliches Studium bevorzugen würde. Gleichwohl sei aber ein geisteswissenschaftliches Studium nicht ausreichend für die Weiterbildung zum Psychotherapeuten. Er habe sich nun überlegt, seinen anfänglichen Studienwunsch zurückzustellen und vielmehr an einer Heilpraktikerschule eine Ausbildung zu machen. Dann könne er auch Psychotherapie ausüben. Und vielleicht später noch studieren. Ausgehend von diesen Überlegungen konnten wir zunächst die Möglichkeiten entfalten, Psychotherapeut zu werden und dann diese Möglichkeiten mit seinen konkreten Vorstellungen zusammen zu bringen. Herr K. machte deutlich, dass es ihm immer um eine fundierte Ausbildung ginge und er weiterhin ein großes Interesse an den Geisteswissenschaften habe. Nachdem so viele Möglichkeiten betrachtet wurden, entwickelte sich die Vorstellung, zunächst ein pädagogisches Studium an einer für ihre geisteswissenschaftliche Ausprägung bekannten Universität aufzunehmen und sich dann, falls dies weiterhin noch als Wunsch besteht, um eine psychotherapeutische Weiterbildung im Bereich Kinder und Jugendliche zu bemühen, mit dem möglichen Ziel der Approbation.

Kommentar

Ähnlich dem explikativen und normativen sokratischen Dialog richtet sich das beraterische Bemühen zunächst auf eine individuell relevante Fragestellung. Nach dem diese Frage expliziert wurde, macht es Sinn, sowohl positive als auch negative Aspekte einer oder mehrerer Entscheidungen zu sammeln. Auch diese Aspekte werden dann auf ihre Entscheidungsrelevanz geprüft und letztendlich lässt sich so eine Möglichkeit extrahieren, die eine gute Lösung für die aufgeworfene Entscheidungskrise abgeben kann. Trotz des nach rationalen und plausiblen Kriterien abgewogenen Entscheidungsprozesses muss auch dieses Ergebnis auf individuelle Brauchbarkeit am Ende geprüft werden.

Der sokratische Dialog ist in allen drei Formen auf die genaueste pädagogische Analyse des Problems des Ratsuchenden angewiesen, denn je nach Fragestellung entscheidet es sich, welche Form gewählt werden sollte.

Festzuhalten bleibt aber, dass die handlungspraktische Stärke des sokratischen Dialogs in seiner Reichweite liegt, denn sowohl Fragestellungen aus dem Bereich Wissen-, Können- als auch Leben-Lernen können lösungsorientiert bearbeitet werden. Der sokratische Dialog mit seinen spezifischen Disputations- und Fragetechniken kann darüber hinaus als ein methodisches Rahmenmodell für die Durchführung pädagogischer Beratung angesehen werden, das gleichermaßen anschlussfähig für weitere beraterische Techniken ist (Hechler, 2004).

Hermeneutik

Das dem sokratisch-dialogischen Modell verpflichtete Beratungsgespräch entfaltet aber seine Wirkung nicht nur durch die an Rationalität und Plausibilität orientierten Disputationen der mehr oder weniger funktionalen Überzeugungen des Ratsuchenden, sondern insbesondere auch dadurch, dass die fragenden Bemühungen des Beraters immer auch ein Vorverständnis an die Erzählung des Ratsuchenden herantragen. Durch die verschiedenen Möglichkeiten, das beraterische Gespräch fragend zu gestalten, ergeben sich auch unterschiedliche Möglichkeiten, das Gesagte mit einem anderen Verständnis zu konfrontieren und gegebenenfalls anzureichern. Der Berater disputiert nicht nur nach Rationalitäts- und Plausibilitätskriterien, sondern er legt auch die Sachverhaltsfeststellung oder die Situationsschilderung des Ratsuchenden aus. Ziel ist es, möglichen latenten Sinn und latente Bedeutung des (Lern-)Problems zu erschließen und in die Disputation mit einzubeziehen. Die Auslegung des Berichts des Ratsuchenden orientiert sich an der Maßgabe, „die Rede zuerst ebenso gut und dann besser zu verstehen als ihr Urheber" (Schleiermacher, 1995, S. 94).

Um zu verstehen und dann auch noch besser zu verstehen, muss der Berater in der Lage sein, sich auf vier Verstehensebenen zu bewegen. Es geht um die Ebenen des kognitiv-logischen, des affektiv-emotionalen, des sozial-interaktiven und des szenisch-situativen Verstehens.

Das *kognitiv-logische Verstehen* des Beraters, mit Hinblick auf die Fragestellung des Ratsuchenden, bemüht sich um die Klärung und Reflexion dessen, was logisch und den Konventionen der Sprache entsprechend in der Beratung mitgeteilt wird. Gegenstand des kognitiv-logischen Verstehens ist die Klärung der sprachlogisch vermittelten und objektiv mitgeteilten Bedeutung der Erzählung des Ratsuchenden. Das kognitiv-logische Verstehen zielt zum einen auf die Identifikation der zu Routinen geronnenen Interpretationsmuster, mit denen der Ratsuchende sich, die Anderen und die Welt deutet, und zum anderen auf die damit möglicherweise verbundenen Wahrnehmungsverzerrungen. Das kognitiv-logische Verstehen unterstützt damit den Wechsel der Perspektive auf die zur Klärung stehende Fragestellung.

Das *affektiv-emotionale Verstehen* hingegen zielt auf die Klärung und Reflexion der affektiv-emotionalen Stimmung und Verfasstheit. Im Grunde geht dieses Verstehen der Frage nach, welche Gefühle einen Sachverhalt oder eine Situation begleitet haben. Der klärende und reflektierende Verstehensprozess bezieht sich aber sowohl auf die Gefühle des Ratsuchende im „Hier und Jetzt" der beraterische Situation vor dem Hintergrund seiner Erzählung als auch auf die Gefühle, soweit sie erinnert werden, in der stattgefundenen lebenspraktischen Situation, die im Rahmen der Erzählung des Ratsuchenden thematisch wird. Damit verbunden ist, dass sich das affektiv-emotionale Verstehen nicht nur auf die (aktuellen und vergangenen) Gefühle der Ratsuchenden richtet, sondern in gleichem Maße auch auf die Erhellung der vermuteten oder auch real geäußerten Affekte an der Erzählung des Ratsuchenden beteiligten Personen. Ähnlich dem kognitiv-logischen Verstehen ist auch das affektiv-emotionale Verstehen für den Ratsuchenden eine Hilfe zur Perspektivenübernahme.

Das *sozial-interaktive Verstehen* zielt auf die Klärung und Reflexion von Handlungen und Handlungsabläufen, die in der Erzählung des Ratsuchenden eingebettet sind und häufig von sprachlichen oder emotionalen Ausdrücken begleitet werden oder diese begleiten. Das sozial-interaktive Verstehen hebt ab auf die sorgfältige Explikation der Interaktionsberichte des Ratsuchenden, denn es muss angenommen werden, dass in diesen Interaktionen, von denen der Ratsuchende berichtet, bereits ein Vorverständnis mit Hinblick auf seine Fragestellung angelegt ist. Diese Annahme ist in der Tatsache begründet, dass sprachlich-kognitive und emotional-affektive Sinn- und Bedeutungsüberschüsse einer Fragestellung häufig handelnd in Szene gesetzt und auch nur auf diesem Wege verstanden werden können.

Ebenen des Verstehens	Fragetechniken
Kognitiv-logisches Verstehen	„Und was haben Sie denn dann genau gesagt?" „Wie hat denn Ihr Vorgesetzter reagiert?" „Was haben Sie denn während der Auseinandersetzung genau gehört?" ...
Affektiv-emotionales Verstehen	„Wie haben Sie sich denn damals gefühlt?" „Wie, glauben Sie, ging es Ihrem Mann dabei?" „Wie fühlen Sie sich jetzt, wenn Sie das erzählen?" ...
Sozial-interaktives Verstehen	„Was ist denn genau passiert?" „Hat Ihr Freund dann zuerst die Wohnung verlassen?" „Und Sie waren vor dem Gespräch schon beim Anwalt?" ...

Abb. 19: Ebenen des Verstehens und Formen des Fragens

Betrachtet man in methodischer Hinsicht die bisherigen Ausführungen zum Disputieren und Interpretieren, dann wird deutlich, dass das beraterische Gespräch dem Prinzip „Fragen statt Sagen" folgt. Die beraterischen Fragen erscheinen aber genau als der gegenteilige Modus dessen, was Balint (1965) zur Bedeutung von Fragen ausgeführt hat: „Wer Fragen stellt, erhält Antworten, aber sonst nicht viel" (S. 29), und er unterstellt damit den Fragen eine gesprächsschließende Wirkung, die dazu führt, den kommunikativen Austausch auf Frage/Antwort-Sequenzen eng zuführen. Die beraterischen Fragen allerdings zeichnen sich, entgegen der Skizzierung Balints, vielmehr durch einen unterstützenden, auffordernden und interessierten Charakter aus. Durch seine Fragen realisiert der Berater eine Haltung des methodisch kontrollierten Nicht-Wissens (Expertise des Nicht-Wissens), die letztendlich dazu beiträgt, dass die beraterische Situation zu einer (gemeinsamen) Lernsituation wird, in der eine gemeinsame Neugierde gegenüber den fremden unbekannten Anteilen der Erzählung des Ratsuchenden aufgebracht wird.

Das *szenisch-situative Verstehen* schließlich geht nun etwas über die ersten drei Verstehensoperationen des Beraters hinaus. Bislang konnte der Berater im gelingenden Fall gemäß der Maßgabe Schleiermachers die Erzählung des Ratsuchenden mit Hilfe der ersten drei Verstehensebenen ebenso gut wie dieser verstehen. Um den Ratsuchenden allerdings besser zu verstehen als er sich selbst, muss auf szenische Information, die sich in der Beratungssituation zeigt, zurückgegriffen werden. Ausgangspunkt des szenisch-situativen Verstehens ist die Annahme, dass nur ein kleiner Teil dessen, was das Verhalten und Erleben des Menschen steuert, der bewussten Wahrnehmung zugänglich ist. Im lebensgeschichtlichen Gespräch gelingt es dem Berater ja auch schon, einiges von den Haltungen, Vorstellungen etc., die den Ratsuchenden hemmen, zu erkennen und damit der bewussten Verfügbarkeit zuzuführen. Das szenisch-situative Verstehen bietet hier eine deutliche Erweiterung, weil es sich auf die „szenische Funktion des Ichs" (Argelander, 1970b) bezieht. Was nichts anderes bedeutet, dass der Mensch die Fähigkeit besitzt, Sachverhalte und Situationen, über die er aus unterschiedlichen Gründen nicht sprechen kann, in Szene zu setzen. Diese Szenen können dann verstanden werden und in sprachliche Formen übersetzt werden. Die Psychoanalyse fasst diese Verstehensoperation mit dem Begriff „Szenisches Verstehen" (Argelander, 1970; Lorenzer, 1970). Dass diese Szenen vom Berater verstanden werden können, hängt damit zusammen, dass er gewissermaßen zum Mitspieler dieser Szene wird, er wird also vom Ratsuchenden dazu verwendet, die Aspekte der Fragestellung, die nicht bewusst verfügbar sind, handelnd in Szene zu setzen. Das verlangt aber vom Berater eine gewisse Form der Rollenübernahmebereitschaft, denn man könnte sagen, dass das szenisch-situative Verstehen über die Vernunftbezogenheit pädagogischer Beratung hinaus- und damit eher in die Psychotherapie hineinreicht. Gleichwohl muss der pädagogische Berater Kenntnis von diesem Verstehen haben, weil unbewusste Dynamiken ubiquitär für menschliche Lebensvollzüge sind und auch die Beratung hier nicht ausgenommen ist. Auch wenn man sich als Berater – aus guten Gründen – dafür entscheidet, mit diesem Material nicht zu arbeiten, muss man es erst einmal als solches erkennen.

Herr L. – eine berufsbezogene Beratung?

Herr L., 53-jähriger Mitarbeiter in der Produktion eines Industriebetriebs, kommt zum ersten Gespräch. Durch die telefonische Anmeldung habe ich erfahren, dass es um das Thema „Mobbing“ ginge. Im Anschluss an das Telefonat meldete sich Herr M. noch mehrfach per E-Mail. Ich sollte ihm doch bitte eine Anfahrtsbeschreibung zukommen lassen. Auch sei er daran interessiert zu wissen, wo er genau parken könne, ansonsten müsse er mit den öffentlichen Verkehrsmitteln kommen. Und auch hier wäre er mir dankbar, wenn ich ihm mitteilen könnte, wie er am besten mit Bus und Bahn zu mir kommen könnte. War ich zu Beginn der E-Mail-Kontakte etwas erstaunt, so wurde ich dann zunehmend ärgerlich über die Anspruchshaltung des Ratsuchenden. Als er dann zudem auch noch seinen ersten Beratungstermin absagte, hatte ich keine gesteigerte Lust mehr auf ein Gespräch mit ihm. Da sich aber mein Ärger legte, gab ich Herrn L., als er dann eine Woche später wieder anrief, einen neuen Termin. Zum verabredeten Termin kam Herr L. eine 3/4 Stunde früher, was mich in Bedrängnis brachte, da die Sekretärin schon gegangen und ich so gezwungen war, eine laufende Beratung wegen des Türöffnens zu unterbrechen. Herr L. zu ignorieren war nicht möglich, weil er so lange klingelte, bis ich ihm aufmachte. Als er dann endlich das Beratungszimmer betrat, schaute er sich er sich belustigt um und meinte, was ich denn mit Kasperle-Figuren „am Hut“ hätte. Ich ließ mich zu der Erklärung hinreisen, dass ich auch mit Kindern arbeiten würde, worauf Herr L. dann fragte, was ich denn eigentlich für einen Beruf hätte.

Kommentar

Obwohl es bis dahin noch gar nicht zu einem Gespräch, geschweige denn zu einem Beratungsgespräch, gekommen ist, können schon zwei wesentliche Aspekte festgehalten werden. Zum einen sprach Herr L.

am Telefon davon, dass er sich von seinen Arbeitskollegen „gemobbt“ fühlt. Zum anderen hatte der Berater nach den Kontakten noch vor dem eigentlichen ersten Gespräch das Gefühl, er wolle den Ratsuchenden eigentlich gar nicht sehen, er fühlte sich von dem Ratsuchenden missbräuchlich behandelt und reagierte ärgerlich auf die Ansinnen des Ratsuchenden. Auch im ersten persönlichen Kontakt schien es so, als wollte Herr L. das Gespräch dominieren, was er dadurch versuchte, in dem er die Differenz zwischen ihm und dem Berater versuchte einzuebnen bzw. den Berater abzuwerten.

Das szenisch-situative Verstehen ermöglichte dem Berater aus der Szene, in die er verwoben wurde, herauszutreten und sich zu fragen, ob das Verhalten des Ratsuchenden und die Gefühle, die in dem Berater entstanden sind, mit dem Thema „Mobbing“ in Zusammenhang zu bringen sind. Für den Berater war es hilfreich, sich zu fragen, ob die eigenen Gefühle im Sinne einer konkordanten Gegenübertragung zu verstehen sind, die Gefühle des Beraters also einen Hinweis darauf geben, wie sich der Ratsuchende fühlt. Oder aber sollten die aufkommenden Gefühle des Beraters eher im Sinne einer komplementären Gegenübertragungsreaktion aufgefasst werden, die dann einen Hinweis darauf geben, wie sich zentrale Beziehungspersonen im Umgang mit dem Ratsuchenden fühlen. Der Berater entschied sich, die Szene im Sinne einer komplementären Gegenübertragung zu verstehen, und das behutsame Thematisieren dieser Gegenübertragungsgefühle als ein Zeigen von latentem Sinn mit Hinblick auf die Frage des Ratsuchenden half ihm zu erkennen, dass es wohl auch sein Verhalten ist, das die zurückweisenden Reaktionen der Arbeitskollegen mitbedingt.

Herr und Frau M. – eine Paarberatung

Herr M. meldete sich telefonisch und bat um einen Termin für sich und seine Frau. Sie hätten größere Probleme, die sie aber dann in der Beratung gerne gemeinsam darstellen wollten. In der ersten Stunde mit dem Ehepaar, das seit drei Jahren verheiratet sei und einen zweijährigen Sohn habe, berichtete Herr M., er habe einen großen Fehler begangen. Er habe vor ca. einem Jahr mit einer Arbeitskollegin eine Affaire gehabt, die er aber nach fünf Monaten beendet habe. In dieser Zeit hätten sie sich auch nicht oft getroffen, nun stellte sich aber heraus, dass die

Arbeitskollegin schwanger sei und das Kind bald auf die Welt kommen würde. Er habe dies mit seiner Frau alles recht offen besprochen und beide hätten beschlossen, dass diese Affaire nicht zum Ende ihrer Ehe führen sollte. Gleichwohl habe Frau M. nun große Probleme, ihrem Mann zu vertrauen. Denn die erste Ehe des Ehemannes, aus der er auch zwei Kinder habe, sei ebenfalls durch eine außereheliche Beziehung zu Ende gegangen. Innerhalb der Beratung ging es über weite Strecken um die Frage, wie die beiden wieder eine tragfähige Basis für ihre Ehe herstellen könnten und welche Veränderungen hierfür nötig seien. In einer Stunde aber sprach Herr M., da die Geburt seines Kindes, das er mit der Arbeitskollegin gezeugt hatte, in greifbare Nähe rückte, viel darüber, wie er die Beziehung zu der Mutter und zu seinem Kind regeln wolle. Er würde zwar bezahlen, doch wolle er keinen Kontakt zur Mutter und auch keinen Kontakt zum Kind. Das sei besser. Und überhaupt wolle er einen Vaterschaftstest anstrengen, um seine Vaterschaft eindeutig festzustellen. Als er so rational und „geschäftsmäßig" über die anstehende Geburt und die damit zusammenhängenden Bedingungen sprach, wurde ich auf einmal sehr traurig und konnte fast meine Tränen nicht zurückhalten.

Kommentar

Wie kann diese Szene verstanden werden? Geht man davon aus, dass vieles, was einen Menschen bewegt, sich der sprachlichen Äußerung entzieht und dass dieses Nicht-Sagbare interpersonell inszeniert bzw. als Szene zum Ausdruck kommt, dann kann die zunächst unverständliche Reaktion des Beraters als konkordante Gegenübertragungsreaktion auf die Erzählung des Ratsuchenden aufgefasst werden. Die eigene Traurigkeit kann probeweise darauf hin befragt werden, ob sie auch einen Hinweis auf die emotionale Verfasstheit des Ratsuchenden gibt, obwohl dieser ja auf der „Vorderbühne" relativ „aufgeräumt" berichtet. Das Zulassen und das Verstehen der eigenen emotionalen Reaktion auf die Erzählung des Ratsuchenden ermöglichten dem Berater dann, die eigene Traurigkeit als Trauer des Ratsuchenden zu verstehen. Indem der Berater ein anderes Verständnis an die Erzählung des Ratsuchenden herantrug – „Sie finden es sehr wichtig, für ihren Sohn als Vater da zu sein" –, konnte der Aspekt, dass es für Herrn M. undenkbar ist, nicht für seinen Sohn als Vater präsent zu sein, in die weitere Beratung einfließen und die möglichen Handlungsoptionen anreichern.

Mit dem szenisch-situativen Verstehen sollte allerdings in der Beratung recht behutsam umgegangen werden, da auch die Gefahr besteht, dem Ratsuchenden etwas „unterzuschieben" oder mit ihm in einen Machtkampf um die Deutungshoheit mit Hinblick auf das „wirkliche", „wahre" oder „eigentliche" Verstehen des Problems zu geraten. Szenisch-situativ zu verstehen, erfordert zum einen ein deutliches Maß an Selbsterfahrung und zum anderen bedarf es der supervisorischen Anleitung.

Mit Hinblick auf das methodische Vorgehen in der pädagogischen Beratung bleibt festzuhalten: Es ist das beratungspraktische Zusammenspiel von Disputation und Interpretation, das Aufklärung, Selbstbemächtigung und Handlungsfähigkeit aufgrund der Herstellung von Rationalität und Plausibilität auf der einen Seite und Einsicht und (alternative) Zusammenhangsbildung auf der anderen Seite ermöglicht und das ihre Wirksamkeit ausmacht.

5.2.5 Der Projektentwurf in der Beratung

Im Prozess der Disputation und Interpretation der Fragestellung des Ratsuchenden werden Lernprozesse initiiert, die letztendlich als Antwort auf die Frage des Ratsuchenden, die ihn in die Beratung geführt hat, konkret werden. Wenn der Ratsuchende meint, für sich eine Antwort gefunden zu haben, die ihn wieder in die Lage versetzt, Entscheidungen zu treffen und somit wieder zur Teilhabe befähigt, ist der Hauptteil der Beratung beendet.

Den Abschluss der Beratung bildet allerdings erst die lebenspraktische Prüfung der Antwort. Um zu prüfen, ob die Antwort, als Ergebnis des signifikanten Lernens in der Beratung, in der Lage ist, die Frage des Ratsuchenden, die beratungsleitend war, so zu beantworten, dass sie ihn wieder in die Lage versetzt, zu handeln und zu entscheiden, muss deren (lern-)problembezogene lebenspraktische Relevanz festgestellt werden. Dies geschieht am Sinnvollsten durch die Konfrontation mit dem Alltag. Der Ratsuchende wird aufgefordert, sich zunächst seiner eingangs gestellten Frage noch einmal intensiv zuzuwenden und sich diese zu vergegenwärtigen. Dann gilt es, die gefundene Antwort darauf zu befragen, ob sie tatsächlich in der Lage ist, die Frage zu beantworten. Ist dies der Fall, muss gemeinsam überlegt werden, woran sich die Alltagstauglichkeit des Lernprozesses und der Antwort festmachen: Woran merke ich, dass ich wieder selbsttätig handlungsfähig bin? Diese Frage führt zu einem persönlichen Projektentwurf des Ratsuchenden. Er ist aufgefordert, eine konkrete alltags- und lebensweltbezogene Situation zu beschreiben, in der die Frage, die zum Problem geführt hat, bedeutsam war, eine Situation also, die aufgrund der partiellen Ratlosigkeit nicht als befriedigend empfunden wurde. Diese Situation soll nun darauf hin betrachtet werden, ob die in der Beratung hervorgebrachte Antwort eine konkrete Verhaltens- und/oder Erlebensänderung des Ratsuchenden bewirkt, so dass die Anforderung, die Lernaufgabe also, die die Situation bereit hält, bewältigt werden kann. Um dies zu prüfen, muss der Ratsuchende die Situation, die er als Projekt ausgesucht hat, aufsuchen und dort entsprechende Erfahrungen machen.

Im Sinne pädagogischer Nachsorge und Nachhaltigkeit erfolgt nach ca. drei Monaten ein abschließendes Gespräch, in dem die Bewährung der Antwort thematisch wird. Hat sich die Antwort lebenspraktisch nicht bewährt, muss geprüft werden, erstens, ob der Projektentwurf der Fragestellung angemessen war, zweitens, ob die hervorgebrachte Antwort die Fragestellung wirklich trifft, oder drittens, ob sich weitere Fragestellungen ergeben haben, die die Bewältigung des Projekts verunmöglichen.

Beratbar sind im Grunde alle drei Möglichkeiten, nur gilt es zu beachten, dass durch eine scheinbar unabschließbare Beratung andere Motive und Gründe für das bestehende Problem zu Tage treten können, denen mittels einer Beratung nicht zu begegnen ist und nicht begegnet werden sollte.

Projektentwürfe

Herr I. zum Beispiel, der Vater, der sich fragte, ob er ein guter Vater sei, wollte seine Erkenntnisse aus der Beratung in einer alltäglichen Situation mit seinem Sohn überprüfen. Er nahm das morgendliche Anziehen zum Anlass zu überprüfen, inwieweit es ihm möglich ist, gelassen und bestimmt auf die Widerstände seines Kindes zu reagieren, ohne laut zu werden.

Herr L. hingegen konnte die Konfrontation in und durch die Beratung gut nutzen. Die Gefahr bestand ja, dass er sich auch durch den Berater „gemobbt" fühlt. Es kam allerdings zu keiner Wiederholung, sondern vielmehr zu einer Thematisierung der Dynamik. Herr L. nahm sich vor, seine Einsichten im Umgang mit einer Kollegin der Alltagstauglichkeitsprüfung zu unterziehen. Ihr gegenüber wolle er nun einmal etwas „taktvoller", freundlicher und offener sein und an der Reaktion ablesen, ob nicht auch sein Verhalten an den zurückweisenden Reaktionen der Kollegen maßgeblichen Anteil hat.

Herr M. schließlich wollte überprüfen, ob es ihm nicht doch gelingen könnte, mit der Mutter seines bald auf die Welt kommenden Kindes in Kontakt zu treten, um seinem Kind, in welcher Weise und in welchem Umfang auch immer, dies sollte noch geklärt werden, ein Vater zu sein.

5.2.6 Überlegungen zur Didaktik der Beratung

Trotz der Tatsache, dass Beratung eine interventionspraktische Wissensanwendung darstellt, die sich einer Standardisierung widersetzt, bleibt festzuhalten, dass die „technologische" Seite pädagogischer Beratung nicht vernachlässigt werden darf. Es ist insbesondere die pädagogische Differenz zwischen den beraterischen Bemühungen des Beraters auf der einen Seite und dem signifikanten Lernen des Ratsuchenden, das immer unvertretbar ist, auf der anderen Seite, die die Didaktik der Beratung, verstanden als „Verfahren, Methoden, Strategien und Formen, mit denen wir bestimmte Effekte zu erreichen suchen (...)" (Prange, 2006, S. 141), herausfordert.

Unter methodisch-prozessualem Aspekt betrachtet, lässt sich pädagogische Beratung in drei Phasen unterteilen. Hier ist zu allererst die *Phase der pädagogischen Diagnostik*, in der die Pädagogik des Problems im Fokus steht, zu nennen. An dieser ersten Phase kann deutlich nachgezeichnet werden, was es mit dem Begriff „Förderdiagnostik" auf sich hat. Pädagogische Diagnostik ist nie nur Bestimmung und Klassifikation, sondern immer zu gleich auch Aufklärung und damit verbundene Möglichkeit zur Selbstbemächtigung. Die *Phase der Intervention* im eigentlichen Sinne kennzeichnet den Abschnitt der pädagogischen Beratung, in dem mittels Disputation und Interpretation Lernprozesse initiiert werden sollen, die dann dazu in der Lage sind, die Fragestellung des Ratsuchenden zu beantworten. Und schließlich die *Phase der alltagstauglichen Erprobung* der gefundenen Lösung und die Sicherung der Lernprozesse im Sinne einer pädagogischen Nachsorge.

Die viel zitierte Beratungskompetenz in methodischer Hinsicht erwirbt man vor dem Hintergrund der bisherigen Ausführungen dadurch, dass der angehende Berater zunächst ein grundlagentheoretisches Studium absolviert, das auf eine professionelle Berufspraxis vorbereitet. So wird es dem Berater möglich, sein Beratungshandeln als *eine* Form seiner professionellen Praxis zu begreifen. Darüber hinaus ist die theoretische Vorbereitung auf die Kunst des Beratens deswegen unabdingbar, weil es erst dadurch möglich wird, methodisch kontrolliertes und begründetes Handeln hervorzubringen. Das heißt, eine einseitige Fokussierung, entweder auf die Theorie oder auf die Praxis, genügt nicht professionellen Standards. So ist die Abkoppelung beratungspraktischen Wissens von disziplinären Zusammenhänge als ausgesprochen kritisch zu bewerten.

Nach der Vorbereitung durch die Theorie wird Beratungskompetenz dann in einem zweiten Schritt dadurch erworben, dass der Berater berät und die Erfahrungen des Beratens auch wieder Gegenstand des spezifischen theoretischen Diskurses werden. Die Theorie wird durch die Praxis gebrochen und die konzeptualisierende Reflektion dieser Brechung führt in der Folge zur Ausbildung beratungsspezifischer Routinen, die ihrerseits wieder Thema der berufsbezogenen Reflektion sein sollten. Gegenstand dieser zweiten Phase des Erwerbs von Beratungskompetenz ist damit der Kreislauf von Übung und Reflektion.

6

Rückblick und Ausblick

Ausgangspunkt der nun zum Abschluss gebrachten Überlegungen war die begründete Annahme, dass Beratung als ein gattungsspezifisches Phänomen des Menschen aufzufassen ist, das zum einen die mangelnde Instinktausstattung kompensiert und das zum anderen in der Folge einen Selektionsvorteil darstellt.

Erst in der Antike wurde Wohlberatenheit und rhetorische Kunstfertigkeit, also im weitesten Sinne: Beratung, Thema der Erziehung. Obwohl sich hier schon abzeichnete, dass Bildung und Entscheidungsfähigkeit zusammenhing und Beratung als ein Mittel der Selbsterziehung galt, wurde der Beratungsdiskurs in der Folge von Philosophie und dann überwiegend bis zur Aufklärung von der Theologie bestimmt. Ab der Aufklärung wurde Beratung eine Funktion der sich etablierenden Professionen. In der Moderne und der Postmoderne verselbstständigte sich Beratung und löste sich von den Grundlagenwissenschaften ab. Erst in den 1960er Jahre wurde Beratung wieder ein Thema der Pädagogik und der Erziehung, und seit dem wird man nicht müde, die Bedeutung von Beratung in pädagogischen Handlungsfeldern zu postulieren. Trotz der

Beteuerung um die Wichtigkeit von Beratung besteht aber weiterhin in der Disziplin und in der Profession kein Konsens darüber, was Beratung im Kontext von Pädagogik und Erziehung eigentlich sein sollte oder sein könnte. Und dieser Sachverhalt wird offensichtlich auch als kein allzu großes Problem angesehen, wenn man auf die fast inflationäre Entwicklung von Beratungskonzepten schaut.

Eine pädagogische Theorie hingegen, wie sie hier versucht wurde, begreift Beratung als ein Erziehungsmittel unter anderen und setzt damit die Differenz der Pädagogik in Disziplin und Profession voraus. Beratung kann in diesem Sinne nur *eine* Option im professionellen Handlungsrepertoire des Erziehers/Pädagogen sein. Und wenn man dieser grundlegenden Differenzierung zustimmt, dann stellt sich die Frage, wie das disziplinäre Deutungswissen der Beratung zu beschreiben ist, das pädagogische Beratung von Beratung durch andere Professionen unterscheidet. Hier konnte gezeigt werden, dass die Pädagogik des Lebenslaufs und des Lernens einen spezifischen Zugang zu den Phänomenen der sinnstrukturierten Welt und auch zu den Lebensproblemen des Menschen ermöglichen, die unter pädagogischer Perspektive als Lernprobleme aufgefasst werden können. Es ist genau genommen die Transformation von Lebensproblemen in Lernprobleme, die dann erst eine pädagogische Differentialindikation erlaubt, denn nicht jedes Lernproblem kann mit den Mitteln der Beratung begegnet werden. Ausschließlich Lernprobleme, die auf den Bereich der Selbsterziehung hinweisen, sind der beraterischen Beeinflussung zugänglich. Beratung ist also ein Erziehungsmittel im Bereich der Selbsterziehung, das grundlegend auf ein gewisses Maß an Mündigkeit des Ratsuchenden angewiesen ist: Ohne Mündigkeit und Erzogenheit keine Beratung!

Doch selbst wenn das Problem des Ratsuchenden in der Weise verstanden werden kann, dass Beratung als Hilfe zur Selbsterziehung das Mittel der Wahl darstellt, muss sich der Berater fragen, wie er denn nun die geeigneten Lernprozesse initiieren kann, denn eine ausschließliche Applikation des Wissens löst für den Ratsuchenden sein Problem noch nicht. Erst die Vermittlungsleistung zwischen allgemeinem Wissen und dem Einzelfall, zu Wege gebracht durch das professionsspezifische Wissen und Können, vermag Lernprozesse anzubahnen.

Abschließend wurde dann noch die Frage nach der spezifischen Methodik pädagogischer Beratung erörtert. Die operative Basis pädagogischer Beratung ist das Zeigen, und das Zeigen artikuliert sich in Form mäeutischer und hermeneutischer Bemühungen vor dem Hintergrund eines fundierten rhetorischen Wissens und Könnens, um auf den Lernbedarf des Ratsuchenden in der Weise einzuwirken, dass ihm signifikantes Lernen möglich wird, das dann den Lernbedarf auszugleichen vermag.

Beratung erfährt durch die vorgelegte pädagogische (Beratung-)Theorie zum einen eine gewisse Entmystifizierung als „Breitbandverfahren". Zum anderen aber wird sie gerade dadurch zu einem pädagogisch begründeten, hoch spezialisierten und effektiven Mittel der (Selbst-) Erziehung. Und es mag der Leser entscheiden, ob der Versuch, in Ansätzen eine kohärente pädagogische Theorie von Beratung hervorzubringen, gelungen ist.

Literatur

Achenbach, Gerd B. (1984): Philosophische Praxis. Köln: Dinter

Adl-Amini, Bijan (1992): Nachstunden des Lebens. Freiburg im Breisgau: Herder

Argelander, Hermann (1970): Das Erstinterview in der Psychotherapie (5. Aufl.). Darmstadt: Wissenschaftliche Buchgesellschaft

Argelander, Hermann (1970b): Die szenische Funktion des Ichs und ihr Anteil an der Symptom- und Charakterbildung. In: Psyche, 24, 325–345

Argelander, Hermann (Hrsg.) (1985): Psychoanalytische Beratung. Göttingen: V&R

Aries, Philippe (2005): Geschichte des Todes (11. Aufl.). München: dtv

Aristoteles (1999): Rhetorik. Stuttgart: Reclam

Aristoteles (2003): Politik. Reinbek bei Hamburg: Rowohlt

Aristoteles (2005): Metaphysik. Reinbek bei Hamburg: Rowohlt

Aristoteles (2006): Nikomachische Ethik. Reinbek bei Hamburg: Rowohlt

Bacon, Francis (2005): Essays. Stuttgart: Reclam

Baecker, Dirk (2005): Schlüsselwerke der Systemtheorie. Wiesbaden: VS Verlag für Sozialwissenschaften

Balint, Michael (1938): Ich-Stärke, Ich-Pädagogik und „Lernen". In: Balint, Michael (1997): Die Urformen der Liebe (2. Aufl.). Stuttgart: Klett-Cotta, 232–245

Balint, Michael (1949): Wandlung der therapeutischen Ziele und Techniken in der Psychoanalse. In: Balint, Michael (1997): Die Urformen der Liebe (2. Aufl.). Stuttgart: Klett-Cotta, 255–271

Balint, Michael (1965): Die therapeutische Funktion des Arztes. In: Nedelmann, Carl; Ferstl, Heinzl (Hrsg.) (1989): Die Methode der Balintgruppe. Stuttgart: Klett-Cotta, 133–143

Balint, Michael (1966): Psychoanalyse und medizinische Praxis. In: Nedelmann, Carl; Ferst, Heinz (Hrsg.) (1989): Die Methode der Balintgruppe. Stuttgart: Klett-Cotta, 144–163

Bamberger, Günter G. (2007): Lösungsorientierte Beratung. In: Diouani-Streek, Mériem; u. Ellinger, Stephan (Hrsg.): Beratungskonzepte in sonderpädagogischen Handlungsfelder. Oberhausen: Athena, 89–110

Barth, Hans M. (Hrsg.) (1996): Ars moriendi. Erwägungen zur Kunst des Sterbens. Freiburg: Herder

Bauer, Joachim (2007): Lob der Schule. Hamburg: Hoffmann und Campe

Behrend, Olaf; Wineke, Ingo (2001): Zum Konzept der klinischen Soziologie als Basis einer fallorientierten Beratung. In: Degele, Nina; Münch, Tanja; Pongratz, Hans; Saam, Nicole (Hg): Soziologische Beratungsforschung. Perspektiven für Theorie und Praxis der Organisationsberatung. Opladen: Leske Budrich, 177–198

Belardi, Nando (2007): Beratung: Eine sozialpädagogische Einführung (5. Aufl.). Weinheim: Juventa

Benjamin, Walter (2007): Der Erzähler (1936). In: Benjamin, Walter (2007): Erzählen. Schriften zur Theorie der Narration und zur literarischen Prosa. Frankfurt a. M.: stw, 103–128

Berger, Ruth (2008): Warum des Mensch spricht: Eine Naturgeschichte der Sprache. Frankfurt: Eichborn

Bertalanffy, Ludwig v. (1968): General systems theory. New York: George Braziller

Birnbacher, Dieter; Krohn, Dieter (Hrsg.) (2002): Das sokratische Gespräch. Stuttgart: Reclam

Bittner, Günter; Ertle, Christoph (Hrsg.) (1985): Pädagogik und Psychoanalyse. Würzburg: Königshausen & Neumann

Böhnisch, Lothar (1999): Sozialpädagogik der Lebensalter (2. Aufl.). Weinheim: Juventa

Böhm, Winfried (1995): Theorie und Praxis. Eine Einführung in das pädagogische Grundproblem (2. Aufl.). Würzburg: Königshausen & Neumann

Böhm, Winfried; Fuchs, Brigitta; Seichter, Sabine (Hrsg.) (2009): Hauptwerke der Pädagogik. Paderborn: Ferdinand Schöningh

Bollnow, Otto Friedrich (1962): Existenzphilosophie und Pädagogik. Stuttgart: Kohlhammer

Bollnow, Otto Friedrich (1966): Krise und neuer Anfang. Heidelberg: Quelle & Meyer

Bollnow, Otto Friedrich (1973): Erziehung zum Gespräch. In: Lotzmann, Geert (Hrsg.): Das Gespräch in Erziehung und Behandlung. Heidelberg: Quelle & Meyer, 8–22

Bollnow, Otto Friedrich (1978): Vom Geist des Übens. Freiburg im Breisgau: Herder

Bollnow, Otto Friedrich (1979): Sprache und Erziehung (3. Aufl.). Stuttgart: Kohlhammer

Borg-Laufs, Michael (2004): Verhaltensberatung nach dem kognitiv-behavioristischen Modell. In: Frank Nestmann; Frank Engel; Ursel Sickendiek (Hrsg.): Das Handbuch der Beratung Band 2. Tübingen: dgvt-Verlag, 629–640

Brumlik, Micha (2002): Bildung und Glück. Versuch einer Theorie der Tugenden. Berlin Wien: Philo

Brumlik, Micha (2004): Advokatorische Ethik. Zur Legitimation pädagogischer Eingriffe (2. Aufl.). Berlin Wien: Philo

Buchinger, Kurt (1997): Supervision in Organisationen als Expertise des Nicht-Wissens. In: Buchinger, Kurt (Hrsg.): Supervision in Organisationen. Den Wandel begleiten. Heidelberg: Carl Auer Verlag, 147–166

Casagrande, Carla; Crisciani, Chiara; Vecchio, Silvana (Hrsg.) (2004): Consilium. Teorie e pratiche del consigliare nella cultura medievale. Firenze: Sisme

Cicero (2003): De oratore. Über den Redner (5. Aufl.): Stuttgart: Reclam

Conen, Marie-Luise (2005): Zwangskontexte konstruktiv nutzen. In PiD, 6. Jg., Heft 2, 166–169

Conen, Marie-Luise; Cecchin, Gianfranco (2007): Wie kann ich Ihnen helfen, mich wieder loszuwerden? Therapie und Beratung in Zwangskontexten. Heidelberg: Carl Auer Verlag

Dewe, Bernd (1996): Das Handlungsmodell des „klinischen Soziologen". Anspruch und Möglichkeiten. In: v. Alemann, Heine; Vogel, Annette (Hrsg.): Soziologische Beratung. Praxisfelder und Perspektiven. Opladen: Leske Budrich, 57–61

Dewe, Bernd (2004): Soziologie und Beratung. In: Nestmann, Frank; Engel, Frank; Sickendiek, Ursel (Hrsg.): Das Handbuch der Beratung. Band 1. Tübingen: DGVT-Verlag, 125–140

Dewe, Bernd; Radtke, Frank Olaf (1989): Klinische Soziologie als Leitfigur der Verwendung sozialwissenschaftlichen Wissens. In: Beck, Ulrich; Bonß, Wolfgang (Hrsg.): Weder Sozialtechnologie noch Aufklärung. Frankfurt a. M.: Suhrkamp, 46–71

Dieterich, Michael (1987): Das Gespräch in der Erziehung. Dillenburg: Gnadauer Verlag

Diouani-Streek, Mériem; Ellinger, Stephan (Hrsg.) (2007): Beratungskonzepte in sonderpädagogischen Handlungsfeldern. Oberhausen: Athena

Ellinger, Stephan (2007): Kontradiktische Beratung. In: Diouani-Streek, Mériem; Stephan Ellinger (Hrsg.): Beratungskonzepte in sonderpädagogischen Handlungsfelder. Oberhausen: Athena, 111–138

Entralgo, Pedro Lain (1969): Arzt und Patient. München: Kindler

Epiktet (2004): Handbüchlein der Moral. Stuttgart: Reclam

Eykmann, Walter; Seichter, Sabine (Hrsg.) (2007): Pädagogische Tugenden. Würzburg: Königshausen & Neumann

Fatzer, Gerhard; Michels-Kohlhage, Maria (2004): Gute Beratung von Organisationen. Auf dem Weg zu einer Beratungswissenschaft. Bergisch Gladbach: EHP

Ferenczi, Sandor (1999): Ohne Sympathie keine Heilung. Frankfurt a. M.: Fischer

Fertsch-Röver, Jörg (2010): Zur Gesprächsführung mit Eltern bei Verdacht auf Kindeswohlgefährdung (durch Eltern) – Beratungs- oder Abklärungsgespräch. In: ZKJ-Zeitschrift für Kindschaftsrecht und Jugendhilfe, Heft1, 03/10. Köln: Bundesanzeigerverlag, 90–96

Fiedler, Peter (1996): Verhaltenstherapeutische Beratung. In: Margraf, Jürgen (Hrsg.): Lehrbuch der Verhaltenstherapie Band 1. Berlin Heidelberg: Springer, 423–434

Figdor, Helmuth (1999): Aufklärung, verantwortete Schuld und die Wiederentdeckung der Freude am Kind. Grundprinzipien des Wiener Konzepts psychoanalytisch-pädagogischer Erziehungsberatung. In: Datler, Wilfried; Figdor, Helmuth; Gstach, Johannes (Hrsg.): Die Wiederentdeckung der Freude am Kind. Gießen: Psychosozial Verlag, 32–60

Fink, Eugen (1970): Metaphysik der Erziehung. Frankfurt a. M.: Vittorie Klostermann

Flitner, Wilhelm (1997): Allgemeine Pädagogik (15. Aufl.). Stuttgart: Klett-Cotta

Freud, Anna (1927): Vier Vorträge über Kinderanalyse. Schriften der Anna Freud Bd. 1. Frankfurt: Fischer, 11–78

Freud, Sigmund (1896): Weitere Bemerkungen über die Abwehr-Neuropsychosen. GW 1. Frankfurt: Fischer, 379–403

Freud, Sigmund (1905): Über Psychotherapie. GW 5. Frankfurt: Fischer, 13–26

Freud, Sigmund (1905b): Bruchstück einer Hysterie-Analyse. GW 5. Frankfurt: Fischer, 161–286

Freud, Sigmund (1905c): Drei Abhandlungen zur Sexualtheorie. GW 5. Frankfurt: Fischer, 1–119

Freud, Sigmund (1912): Ratschläge für den Arzt bei der psychoanalytischen Behandlung. GW 8, 376–387

Freud, Sigmund (1916): Vorlesungen zur Einführung in die Psychoanalyse. GW 11. Frankfurt: Fischer

Freud, Sigmund (1919): Wege der Psychoanalytischen Therapie. GW 12. Frankfurt: Fischer. 183–194

Freud, Sigmund (1977): Geleitwort zur ersten Auflage (1925). In: Aichhorn, August, Verwahrloste Jugend (9. Aufl.). Stuttgart Wien: Verlag Hans Huber, 7–8

Fromm, Erich (1976): Haben oder Sein. Gesamtausgabe Band II (1999). Stuttgart: Deutscher Taschenbuch Verlag

Fuhr, Thomas (1999): Zeigen und Erziehen. In: Fuhr, Thomas; Schultheis, Klaudia (Hrsg.): Zur Sache der Pädagogik. Bad Heilbrunn: Klinkhardt, 109–121

Gehlen, Arnold (2003): Der Mensch – Seine Natur und seine Stellung in der Welt (14. Aufl.). Wiebelsheim: Aula

Geuter, Ulfried (1988): Die Professionalisierung der deutschen Pychologie im Nationalsozialismus. Frankfurt a. M.: stw

Giesecke, Hermann (2000): Pädagogik als Beruf. Grundformen pädagogischen Handelns (7. Aufl.). Weinheim München: Juventa

Göhlich, Michael; Zirfas, Jörg (2007): Lernen. Ein pädagogischer Grundbegriff. Stuttgart: Kohlhammer

Göhlich, Michael, Wulf, Christian, Zirfas, Jörg (Hrsg.) (2007): Pädagogische Theorien des Lernens. Weinheim/Basel: Beltz

Göttert, Karl-Heinz (1998): Einführung in die Rhetorik (3. Aufl.). Weinheim Basel: Beltz

Guardini, Romano (2001): Die Lebensalter. Ihre ethische und pädagogische Bedeutung (9. Aufl.). Mainz: Matthias-Grünewald-Verlag

Hanselmann, Heinrich (1951): Andragogik. Zürich: Rotapfel Verlag

Haubl, Rolf; Hausinger, Brigitte (2009): Supervisionsforschung. Göttingen: V & R

Hechler, Oliver (2004): Besprechung von Rolf Winiarski (2004): Beratung und Kurztherapie mit Kognitiver Verhaltenstherapie. In: Verhaltenstherapie & Psychosoziale Praxis 2/04, 436–439

Hechler, Oliver (2005): Psychoanalytische Supervision sozialpädagogischer Praxis. Frankfurt: Brandes & Apsel

Hechler, Oliver (2007): Pädagogische Institutionen- und Organisationsberatung. Zum Verhältnis von Profession und Organisation sonderpädagogischen Handelns. In: Diouani-Streek, Mériem; Ellinger, Stephan (Hrsg.): Beratungskonzepte in sonderpädagogischen Handlungsfeldern. Oberhausen: Athena, 165–190

Hechler, Oliver (2009): „... kann die Beratung eine Form erzieherischer Hilfe sein ...?" – Annäherung an das Phänomen Beratung in pädagogischer Absicht. In: Eggert-Schmid Noerr, Annelinde; Finger-Trescher, Urte; Heilmann, Joachim; Krebs, Heinz (Hrsg.): Beratungskonzepte in der Psychoanalytischen Pädagogik Gießen: Psychosozial-Verlag, 35–62

Hechler, Oliver (2010): Pädagogische Beratung. In: Enzyklopädie Erziehungswissenschaft Online. Fachgebiet: Behinderten- und Integrationspädagogik, Institutionelle Felder hg. von Moser, Vera. Weinheim München: Juventa (www.erzwissonline.de, DOI 10.326 EEO 11100050)

Heidegger, Martin (2006): Der Satz vom Grund (9. Aufl.). Stuttgart: Klett-Cotta

Herbart, Johann Friedrich (1802): Die erste Vorlesung über Pädagogik. In: Dietrich Benner (Hrsg.) (1997): Johann Friedrich Herbart. Systematische Pädagogik. Weinheim: Beltz, 43–46

Herbart, Johann Friedrich (1806): Allgemeine Pädagogik aus dem Zwecke der Erziehung abgeleitet. In: Dietrich Benner (Hrsg.) (1997): Johann Friedrich Herbart. Systematische Pädagogik. Weinheim: Beltz, 57–158

Herron, John (1990): Helping the client. London: Sage Publications

Hillenbrand, Clemens (2002): Einführung in die Verhaltensgestörtenpädagogik (2. Aufl.). München: Ernst Reinhardt Verlag

Hontschick, Bernd (2006): Körper, Seele, Mensch. Frankfurt a. M.: Suhrkamp

Hundsalz, Andreas (1995): Die Erziehungsberatung. Weinheim: Juventa

Huschke-Rhein, Rolf (1998): Einführung in die systemische und konstruktivistische Pädagogik. Weinheim: Deutscher Studien Verlag

Jacob, Francois (1988): Die innere Statue. Zürich: Ammann

Kade, Jochen (1997): Vermittelbar/Nicht-vermittelbar: Vermitteln: Aneignen. Im Prozeß der Systembildung des Pädagogischen. In: Niklas Luhmann; Dieter Lenzen (Hrsg.): Bildung und Weiterbildung im Erziehungssystem. Frankfurt a. M.: stw, 30–70

Kant, Immanuel (1878): Über Pädagogik. Langensalza: Hermann Beyer & Söhne

Kerschensteiner, Georg (1965): Die Seele des Erziehers. Stuttgart: Teubner Verlagsgesellschaft

Kluge (1999): Etymologisches Wörterbuch. Berlin New York: Walter de Gruyter

Kraft, Volker (1993): Probleme einer pädagogischen Theorie der Beratung. In: Bildung und Erziehung, 46. Jg., Heft 3, 345–360

Kraft, Volker (2008): Beratung als Form der Erziehung. In: Weigand, Gabriele; Böschen, Markus; Schulz-Gade, Herwig (Hrsg.): Allgemeines und Differentielles im pädagogischen Denken und Handeln. Würzburg: Ergon-Verlag. 365–378

Kraft, Volker (2009a): Beratung. In: Andresen, Sabine; Casale, Rita; Gabriel, Thomas; Horlacher, Rebekka; Lacher Klee, Sabina; Oelkers, Jürgen (Hrsg.): Handwörterbuch der Erziehungswissenschaft. Weinheim Basel: Beltz, 44–59

Kraft, Volker (2009b): Pädagogisches Selbstbewusstsein. Paderborn: Ferdinand Schöningh

Krüger, Heinz-Hermann; Thomas Rauschenbach (Hrsg.) (1997): Einführung in die Arbeitsfelder der Erziehungswissenschaft (2. Aufl.). Wiesbaden: Leske Budrich

Krüger, Heinz-Hermann; Marotzki, Winfried (Hrsg.) (1999): Handbuch erziehungswissenschaftliche Biographieforschung. Wiesbaden: Leske Budrich

Kühnlein, Irene (2002): Wie Psychotherapie verändert. Weinheim: Juventa

Krumenacker, Franz-Josef (2004): Sozialpädagogisch-hermeneutische Diagnosen nach Mollenhauer und Uhlendorff. In: Krumenacker, Franz-Josef (Hrsg.): Sozialpädagogische Diagnosen in der Praxis. Weinheim und München: Juventa, 91–118

Leibbrand, Werner (1939): Der goettliche Stab des Aeskulap. Salzburg: Otto Müller Verlag

Loch, Werner (1979): Lebenslauf und Erziehung. Essen: Neue Deutsche Schule

Loch, Werner (1988): Die Konstellation der bedeutungsvollen Anderen. In: Bildung und Erziehung, 41. Jg. Heft 3. Köln: Böhlau, 245–257

Loch, Werner (1998): Entwicklungsstufen der Lernfähigkeit im Lebenslauf. In: Brödel, Rainer (Hrsg.): Lebenslanges Lernen – lebensbegleitende Bildung. Neuwied: Luchterhand. 91–109

Loch, Werner (1999): Der Lebenslauf als anthropologischer Grundbegriff einer biographischen Erziehungstheorie. In: Krüger, Heinz-Hermann; Marotzki, Winfried (Hrsg.): Handbuch erziehungswissenschaftliche Biographieforschung. Wiesbaden: Leske Budrich, 69–88

Locke, John (2007): Gedanken über Erziehung. Stuttgart: Reclam

Lorenzer, Alfred (1970): Sprachzerstörung und Rekonstruktion (4. Aufl.). Frankfurt a. M.: stw

Lotzmann, Geert (1973): Das Gespräch in Erziehung und Behandlung. Heidelberg: Quelle & Meyer

Luhmann, Niklas (2008): Soziale Systeme. Grundriß einer allgemeinen Theorie. Frankfurt a. M.: Suhrkamp

Marrou, Henri Irénée (1977): Geschichte der Erziehung im klassischen Altertum. München: dtv

Mead, George Herbert (2008): Geist, Identität und Gesellschaft (18. Aufl.). Frankfurt a. M.: Suhrkamp

Melis, Alicia P.; Hare, Brian; Tomasello, Michael (2006): Cimpanzees Recruit the Best Collaborators. In: Science (2006), vol. 313, 3 March, 1297–1300

Meyer-Drawe, Käte (2008): Diskurse des Lernens. München: Wilhelm Fink

Mitgutsch, Konstantin; Sattler, Elisabeth; Westphal, Kristin u. Breinbauer, Maria (Hrsg.) (2008): Dem Lernen auf der Spur. Die pädagogische Perspektive. Stuttgart: Klett-Cotta

Möller, Heidi; Hausinger, Brigitte (Hrsg.) (2009): Quo vadis Beratungswissenschaft? Wiesbaden: VS Verlag

Mollenhauer, Klaus (1965): Das pädagogische Phänomen „Beratung". In: Mollenhauer, Klaus; Müller, C. Wolfgang: „Führung" und „Beratung" in pädagogischer Sicht. Heidelberg: Quelle & Meyer, 25–50

Moor, Paul (1960): Heilpädagogische Psychologie. Band 1 (2. Aufl.). Bern Stuttgart: Hans Huber

Moor, Paul (1962): Die Bedeutung des Spiels in der Erziehung. Bern: Verlag Hans Huber

Moor, Paul (1974): Heilpädagogik (3. Aufl.). Bern Stuttgart Wien: Verlag Hans Huber

Müller, Felix (1973): Das Gespräch in der Krise. In: Lotzmann, Geert (Hrsg.); Das Gespräch in Erziehung und Behandlung. Heidelberg: Quelle & Meyer, 50–62

Münchmeier, Richard (1998): Was ist Offene Jugendarbeit? Eine Standortbestimmung. In: Deinet, Ulrich; Sturzenhecker, Benedikt (Hrsg.), Handbuch Offene Jugendarbeit. Münster: Votum, 13–23

Mutzeck, Wolfgang (2007): Kooperative Beratung. In: Diouani-Streek, Mériem; Ellinger, Stephan (Hrsg.): Beratungskonzepte in sonderpädagogischen Handlungsfelder. Oberhausen: Athena, 71–88

Nelson, Leonard (1975): Vom Selbstvertrauen der Vernunft. Hamburg: Felix Meiner Verlag

Niemeyer, August Hermann (1970): Grundsätze der Erziehung und des Unterrichts. Paderborn: Ferdinand Schöningh

Nohl, Herman (1947): Charakter und Schicksal. Eine pädagogische Menschenkunde (3. Aufl.). Frankfurt a. M.: Verlag Gerhard Schulte-Bulmke

Nohl, Herman (2002): Die pädagogische Bewegung in Deutschland und ihre Theorie (11. Aufl.). Vittorio Klostermann: Frankfurt a. M.

Oevermann, Ulrich (1996): Theoretische Skizze einer revidierten Theorie professionalisierten Handelns. In: Combe, Arno; Helsper, Werner (Hrsg.): Pädagogische Professionalität. Frankfurt: stw, 70–182

Oevermann, Ulrich (2000): Das Verhältnis von Theorie und Praxis im theoretischen Denken von Jürgen Haberman – Einheit oder kategoriale Differenz? In: Müller-Dohm, Stephan (Hrsg.): Das Interesse der Vernunft. Frankfurt a. M.: stw, 411–464

Oevermann, Ulrich (2001): Die Philosophie von Charles Sanders Peirce als Philosophie der Krise. In: Wagner, Hans-Josef: Objektive Hermeneutik und die Bildung des Subjekts. Weilerswist: Velbrück, 209–246

Oevermann, Ulrich (2002): Klinische Soziologie auf der Basis der Methodologie der Objektiven Hermeneutik. http://ihsk.de/publikationen/Ulrich_Oevermann

Overbeck, Annegret (1995): Der Triangulierungsprozess als Grundlage von Symbolbildung und Erkenntnis – diskutiert am Beispiel eines psychoanalytisch-hermeneutisch ausgewerteten Supervisionsprotokolls. In: Schneider, Gerhard; Seidler, Günter (Hrsg.): Internalisierung und Strukturbildung. Opladen: Westdeutscher Verlag, 159–180

Overbeck, Annegret; Kauz, Olga (2007): „Beratung im Spiegel der psychoanalytischen Praxeologie. In: Diouani-Streek, Mériem; Ellinger, Stephan (Hrsg.): Beratungskonzepte in sonderpädagogischen Handlungsfeldern. Oberhausen: Athena, 209–244

Pfeifer, Wolfgang (2005): Etymologisches Wörterbuch des Deutschen. München: dtv

Platon (2006): Politeia. In: Sämtliche Werke, Bd. 2. Reinbek bei Hamburg: Rowohlt, 195–538

Platon (2007): Protagoras. In: Sämtliche Werke, Bd. 1. Reinbek bei Hamburg: Rowohlt, 271–336

Plessner, Helmuth (1975): Die Stufen des Organischen und der Mensch. Einleitung in die philosophsiche Anthropologie (3. Aufl.). Berlin: De Gruyter

Prange, Klaus (1991): Pädagogik im Leviathan. Bad Heilbrunn: Klinkhardt

Prange, Klaus (1997): Neue Medien und alte Didaktik. In: Apel, Hans Jürgen; Koch, Lutz (Hrsg.), Überzeugende Rede und pädagogische Wirkung. Weinheim: Juventa, 129–146

Prange, Klaus (2005): Die Zeigestruktur der Erziehung. Grundriss der Operativen Pädagogik. Paderborn: Ferdinand Schöningh

Prange, Klaus (2006): Zeig mir, was Du meinst! Anmerkungen zur Didaktik des Verstehens. In: Gaus, Detlef; Uhle, Reinhard (Hrsg.): Wie verstehen Pädagogen? Wiesbaden VS Verlag für Sozialwissenschaften, 141–153

Prange, Klaus (2008): Formen des Erziehens in Geschichte und Gegenwart. In: Mertens, Gerhard; Frost, Ursula; Böhm, Winfried; Ladenthin, Volker (Hrsg.): Handbuch der Erziehungswissenschaft Band I. Paderborn München Wien Zürich: Ferdinand Schöningh, 939–958

Prange, Klaus; Strobel-Eisele, Gabriele (2006): Die Formen des pädagogischen Handelns. Stuttgart: Kohlhammer

Quintmann, Helmut (1995): Humanistische Psychologie. Zentrale Konzepte und philosophischer Hintergrund. Göttingen Toronto Zürich: Hogrefe Verlag

Quintilianus, Marcus Fabius (2006): Ausbildung des Redners. Zwölf Bücher. Darmstadt: Wissenschaftliche Buchgesellschaft

Reble, Albert (1995): Geschichte der Pädagogik (18. Aufl.). Stuttgart: Klett-Cotta

Rogers, Carl R. (1983): Die klientenzentrierte Gesprächspsychotherapie. Frankfurt: Fischer Taschenbuch Verlag

Rogers, Carl R. (1985): Die nicht-direktive Beratung. Frankfurt: Fischer Taschenbuch Verlag

Roth, Heinrich (1971): Pädagogische Anthropologie. Bildsamkeit und Bestimmung (3. Aufl.). Hannover: Hermann Schroedel Verlag

Rudolf, Gerd (2004): Strukturbezogene Psychotherapie. Stuttgart: Schattauer

Ruschmann, Eckart (1999): Philosophische Beratung. Stuttgart: Kohlhammer

Schipperges, Heinrich (1970): Moderne Medizin im Spiegel der Geschichte. Stuttgart: Georg Thieme Verlag

Schipperges, Heinrich (1991): Medizin an der Jahrtausendwende. Frankfurt a. M.: Knecht

Schiller, Friedrich (1999): Über die ästhetische Erziehung des Menschen. In: Sämtliche Werle, Philosophische Schriften, Band 5. Essen: Mundus Verlag, 209–283

Schleiermacher, Friedrich (1826): Die Vorlesungen aus dem Jahre 1826. In: Weniger, Erich (Hrsg.) (1983): Pädagogische Schriften 1. Frankfurt a. M. Berlin Wien: Klett-Cotta, 1–370

Schlippe, Arist v., Schweitzer, Jochen (2003): Lehrbuch der systemischen Therapie und Beratung (10. Aufl.). Göttingen: V&R

Schmitz, Enno; Bude, Heinz; Otto, Claus (1989): Beratung als Praxisform „angewandter Aufklärung". In: Beck, Ulrich; Bonß, Wolfgang (Hrsg.): Weder Sozialtechnologie noch Aufklärung. Frankfurt a. M.: stw, 122–148

Schnebel, Stefani (2007): Professionell beraten. Weinheim Basel: Beltz Verlag

Schützeichel, Rainer; Brüsemeister, Thomas (2004): Die beratene Gesellschaft. Wiesbaden: VS Verlag für Sozialwissenschaften

Schwarzer, Christine, Buchwald, Petra (2009): Beratung, Supervision, Coaching. In: Mertens, Gerhard; Frost, Ursula; Böhm, Winfried; Ladenthin, Volker (Hrsg.): Handbuch der Erziehungswissenschaft Band II. Paderborn München Wien Zürich: Ferdinand Schöningh, 1155–1168

Seiffge-Krenke, Inge (2007): Psychoanalytische und tiefenpsychologische Therapie mit Jugendlichen. Stuttgart: Klett-Cotta

Sennett, Richard (1998): Der flexible Mensch. Berlin: Berlin Verlag

Singer, Wolf (2003): Ein neues Menschenbild?. Frankfurt a. M.: stw

Speck, Otto (2008): Hirnforschung und Erziehung. München Basel: Ernst Reinhardt Verlag

Spiel, Josef (Hrsg.) (1944): Die Erziehungsmittel. Olten: Verlga Otto Walter

Spranger, Eduard (1958): Der geborene Erzieher. Heidelberg: Quelle & Meyer

Spranger, Eduard (1962): Das Gesetz der ungewollten Nebenwirkungen in der Erziehung. Heidelberg: Quelle & Meyer

Sprey, Thea (1968): Beraten und Ratgeben in der Erziehung. Weinheim Berlin Basel: Verlag Julius Beltz

Stavemann, Harlich H. (2002): Sokratische Gesprächsführung in Therapie und Beratung. Weinheim Basel Berlin: Beltz

Stavemann, Harlich H. (Hrsg.) (2008): KVT-Praxis. Strategien und Leitfäden für die Kognitive Verhaltenstherapie (2. Aufl.). Weinheim Basel: Beltz

Steinebach, Christoph (Hrsg.) (2006): Handbuch Psychologische Beratung. Stuttgart: Klett-Cotta

Strachey, James (1934): Die Grundlagen der therapeutischen Wirkung der Psychoanalyse. Internationale Zeitschrift für Psychoanalyse, 21, Wien, 486–526

Strauß, Bernhard (2009) (Hrsg.): Forschungsgutachten zur Ausbildung von Psychologischen psychotherapeuten und Kinder- und Jugendlichenpsychotherapeuten. http://www.bmg.bund.de/cln_169/nn_1168248/SharedDocs/Downloads/DE/Standardartikel/P/Psychotherapie/Psychotherapeuten__Gutachten,templateId=raw,property=publicationFile.pdf/Psychotherapeuten_Gutachten.pdf

Strobel-Eisele, Gabriele (2008): Fehlformen des Erziehens. In: Mertens, Gerhard; Frost, Ursula; Böhm, Winfried; Ladenthin, Volker (Hrsg.): Handbuch der Erziehungswissenschaft Band I. Paderborn München Wien Zürich: Ferdinand Schöningh, 989–1008

Strupp, Hans Hermann (1986): Psychotherapy. Research, practice, and public policy. In: American Psychologist, 41/2, 120–130

Sünkel, Wolfgang (1996): Phänomenologie des Unterrichts. Weinheim München: Juventa

Sturma, Dieter (2006): Ausdruck von Freiheit. Über Neurowissenschaften und die menschliche Lebensform. In: Sturma, Dieter (Hrsg.): Philosophie und Neurowissenschaften. Frankfurt a. M.: stw, 187–214

Tenorth, Heinz-Elmar (1986): „Lehrerberuf s. Dilettantismus" Wie die Lehrprofession ihr Geschäft verstand. In: Luhmann, Niklas; Schorr, Karl-Eberhard (Hrsg.): Zwischen Intransparenz und Verstehen. Frankfurt: stw, 275–322

Tomasello, Michael (2002): Die kulturelle Entwicklung des menschlichen Denkens. Frankfurt a. M.: Suhrkamp

Tomasello, Michael (2009): Die Ursprünge der menschlichen Kommunikation. Frankfurt a. M.: Suhrkamp

Ueding, Gert; Steinbrink, Bernd (2005): Grundriß der Rhetorik (4. Aufl.). Stuttgart Weimar: Verlag J. B. Metzler

Uexküll, Thure v.; Wesiak, Wolfgang (1991): Theorie der Humanmedizin (3. Aufl.). München Wien Baltimore: Urban & Schwarzenberg

Weber, Max (1987): Politik als Beruf (8. Aufl.). Berlin: Duncker und Humblot

Wiener, Norbert (1952): Mensch und Menschmaschine. Kybernetik und Gesellschaft. Frankfurt a. M.: Alfred Metzner Verlag

Winiarski, Rolf (2004): Beratung und Kurztherapie mit Kognitiver Verhaltenstherapie. Weinheim Basel Berlin: Beltz Verlag

Wittgenstein, Ludwig (2008): Philosophische Untersuchungen. Frankfurt: Suhrkamp

Zirfas, Jörg (2007): Das Lernen der Lebenskunst. In: Göhlich, Michael; Wulf, Christian; Zirfas, Jörg (Hrsg.): Pädagogische Theorien des Lernens. Weinheim: Beltz, 163–175